CALLWEY

Friedrich Grimm
DIE BESTEN EINFAMILIEN-HÄUSER AUS BETON

Friedrich Grimm

DIE BESTEN EINFAMILIENHÄUSER AUS BETON

DEUTSCHLAND · ÖSTERREICH · SCHWEIZ

INHALT

Vorwort — Seite 6
Einleitung — Seite 8

Die Projekte

DEUTSCHLAND

Wohnen zu ebener Erde — Seite 16
Einfamilienhaus in Ertingen
Titus Bernhard Architekten

Transparent gebänderter Solitär — Seite 22
Mehrgenerationenhaus in Reutlingen
Braun Associates Architekten

Mit Leichtigkeit gebaut — Seite 26
Einfamilienhaus in Berlin
ARGE Clemens Bonnen und Amanda Schlaich

Im Goldenen Schnitt — Seite 30
Atriumhaus in Trier
denzer & poensgen

Aus einem Guss — Seite 36
Einfamilienhaus in Heidelberg
ap88 Architekten

Dem Rhein zugewandt — Seite 40
Wohnhaus mit Büro in Rheinfelden
Lietzow Architekten

Faltwerk mit Wohnkomfort — Seite 44
Einfamilienhaus in St. Johann
gk Gössel + Kluge

Haus mit Rückgrat — Seite 48
Wohnhaus und Atelier in Backnang
unit a architekten

Architektur mit Dresscode — Seite 54
Einfamilienhaus in Landshut
Architekten HBH

Absolut einfach – einfach absolut — Seite 58
Einfamilienhaus in Odenthal-Voiswinkel
trint+kreuder d.n.a.

Raumwunder auf schmaler Parzelle — Seite 62
Einfamilienhaus in Stuttgart
lohrmannarchitekt

Beziehungsreich — Seite 68
Einfamilienhaus in Ulm
weinreich architekten, A. D. Weinreich + C. Wurst

Quader als Lichtgestalt — Seite 72
Einfamilienhaus in Mering
Titus Bernhard Architekten

Im rechten Winkel — Seite 78
Wohn- und Bürohaus in Hannover
.rott .schirmer .partner

Flexibilität nach Maß — Seite 82
Generationenhaus in Bad Wurzach
Lohmann Architekten

ÖSTERREICH

Bastion am Fuß der Hohen Tauern — Seite 90
Atriumhaus in Virgen
Gerhard Mitterberger

Grünes Meisterwerk — Seite 94
Einfamilienhaus in Feldkirch
Hein-Troy Architekten

Fata Morgana im Tennengau — Seite 100
Einfamilienhaus in Adnet
Maria Flöckner und Hermann Schnöll

Das Höllengebirge im Visier — Seite 106
Haus am Attersee
Luger & Maul

Wohnen in einer Wellness-Oase — Seite 110
Einfamilienhaus in Trofaiach
yes architecture, Marion Wicher

SCHWEIZ

Chalet konkret — Seite 116
Einfamilienhaus in Vella
cavegn architektur

Schwarze Schale, heller Kern — Seite 120
Atriumhaus am Rorschacher Berg
Rainer Köberl, Paul Pointecker

Arkadien am Zürichsee — Seite 126
Villa bei Zürich
gus wüstemann architects

Alles im Kasten — Seite 132
Generationenhaus in Diepoldsau
Novaron

Symbiose von Alt und Neu — Seite 136
Wohnhaus mit Atelier und Kunstgalerie in Chamoson
laurent savioz architecte

Bewohnbare Betonskulptur — Seite 142
Einfamilienhaus in Möriken
Ken Architekten

Monolith aus Leichtbeton — Seite 148
Wohn- und Atelierhaus in Meisterschwanden
AJH Atelier Jean Herzig

Der Luxus des Einfachen — Seite 152
Hofhaus am Genfer See
Vincent Mangeat, Pierre Wahlen

Architekten- und Bildnachweis — Seite 158
Impressum — Seite 160

VORWORT

Vorwort
> Der vorliegende Band versammelt 28 außergewöhnliche Einfamilienhäuser aus Deutschland, Österreich und der Schweiz. Die aktuellen Beispiele geben einen Einblick in zeitgenössische Wohnformen und dokumentieren die vielfältigen Möglichkeiten des Bauens mit Beton. Vom bescheidenen Wohnhaus, das sich auf handtuchschmaler Parzelle innerhalb einer bestehenden Häuserzeile behauptet, über maßvolle Wohnbauten an individuellen Standorten innerhalb und außerhalb vorgegebener Siedlungsstrukturen reicht das Spektrum bis hin zu luxuriösen Wohnsituationen, die hinsichtlich Ausstattung und Zuschnitt weit über das Gewohnte hinausgehen. Dabei hat jedes Haus seine eigene Entstehungsgeschichte und entspringt in seiner individuellen Gestaltung einem einfühligen Dialog zwischen den jeweiligen Bauherren und ihren Architekten. Beispiele, die das Wohnen und Arbeiten unter einem Dach ermöglichen, sind dabei ebenso vertreten wie Lösungen für die heranwachsende Familie, die durch räumliche Differenzierung Rückzugsmöglichkeiten für jedes Familienmitglied mit Gemeinschaftsräumen verbinden. Andere Häuser wiederum präsentieren sich in ihrem Innern als Oasen der Ruhe und Entspannung mit bewusst angelegten Ausblicken auf die unterschiedlichsten Landschaften und Panoramen, gelegentlich auch erweitert um individuelle Raumangebote für Wellness und Erholung.

Bereits Anfang der Achzigerjahre von der Amerikanerin Faith Popcorn als Trend ausgemacht, scheint das „Cocooning" als ein „Sich-Einspinnen" in die eigenen vier Wände auch in Europa zu einem neuen Lebensgefühl geworden zu sein, das darauf abzielt, Unterhaltung und Genuss zu Hause zu erleben. Ganz gleich, ob Tafelfreuden am eigenen Herd vorbereitet oder von einem Gastronomieservice ins Haus bestellt werden, ob sich die Bewohner vor einem Bildschirm im XL-Format versammeln oder gemütliche Stunden vor einem flackernden Kaminfeuer verbringen – in jedem Fall bilden die eigenen vier Wände den Rahmen für ein individuelles Wohlfühlprogramm. Sauna, Dampfbad, Whirl- und Swimmingpool in Kombination mit Fitness- und Entspannungsräumen erweitern die Ausstattung und machen die Bewohner unabhängig von öffentlichen Freizeitangeboten.

Angesichts der rasanten Veränderungen in Gesellschaft und Wirtschaft wird ein stabiles privates Umfeld mit dem eigenen Haus als zentralem Ruhepol immer wichtiger. Interessant ist, dass diese Entwicklung mit einer Renaissance des Baumaterials Beton einhergeht. Eine Erklärung dafür könnte in der sprichwörtlichen Widerstandsfähigkeit des Materials gegenüber Umwelteinflüssen, in seiner Dauerhaftigkeit und Wertbeständigkeit liegen. Einmal in eine feste Form gebannt, behält der Werkstoff als „künstlicher Stein" seine Gestalt bei und härtet im Lauf der Jahre sogar immer weiter aus, sodass er sich in diesem Zusammenhang wahrhaft als ein „Fels in der Brandung" erweist. Zu autochthonen Formen erstarrt, ergreifen die Häuser Besitz von ihrer jeweiligen Umgebung und verkörpern als Bauwerke die Ideale von Individualität und Freiheit. Energetische Autarkie ist eine weitere Station auf dem Rückzug in die Unabhängigkeit – Energie aus erneuerbaren Quellen auf dem eigenen Grund und Boden schafft dafür die Voraussetzungen.

Der harmonische Verbund der beiden Werkstoffe Stahl und Beton begründet die strukturelle Leistungsfähigkeit eines konkurrenzlosen Verbundwerkstoffs. Mit 80 Millionen Kubikmeter verbautem Material pro Jahr allein in Deutschland ist Beton der verbreitetste Baustoff überhaupt und ermöglicht in hochfester Ausführung bauliche Rekorde, wie bei dem arabischen Turm „Burj Dubai" oder der Brücke von Millau in Frankreich, die jeweils als höchste ihrer Art eindrucksvoll den Stand der Technik dokumentieren. Hinsichtlich der Baumethode unterscheiden sich Ortbetonbauten, die in einer Schalung direkt am Bauplatz gegossen werden, von Bauten, deren einzelne Trageelemente als Fertigteile zur Baustelle gelangen. Die Möglichkeit, tragende Flächen wie Wand, Decke und Dach mit punktförmig angeordneten Stützen zu ergänzen, schafft einen fast unerschöpflichen Gestaltungsspielraum beim Entwurf der Tragstruktur.

Aus bautechnischer Sicht zeichnet sich der Werkstoff durch eine hohe Entwicklungsfähigkeit aus und hat das uniforme Grau als fragwürdiges Image längst abgelegt. Nach wie vor scheint jedoch der „béton brut" eine magische Anziehungskraft auszuüben und präsentiert sich bei einigen Beispielen schalungsrau, ja sogar absichtsvoll durchsetzt mit Unregelmäßigkeiten wie Lunkern, Kiesnestern, Verfärbungen oder geplatzter Zementhaut. Bei anderen Beispielen wiederum ist die Betonoberfläche vollkommen glatt und ebenmäßig und spiegelt ein sorgfältig geplantes Schalbild wider, in dem Ankeröffnungen die Oberflächen mit einem regelmäßigen Raster überziehen. Strukturierte Matrizen als Hightech-Schalungen signalisieren den Aufbruch in eine Zukunft, die im Formenreichtum mit der Natur selbst zu konkurrieren scheint. Farben, als Pigmente der Betonmischung beigegeben, überwinden das uniforme Grau. Faserverstärkter Beton erweitert die Konstruktionsmöglichkeiten speziell bei dünnwandigen Fassadenbauteilen, Leichtbeton dagegen erfüllt mit einschaliger Dickwandigkeit die Anforderungen an den baulichen Wärmeschutz.

Jedes Haus wird durch attraktive Fotos, maßstäbliche Zeichnungen und eine ausführliche Beschreibung erläutert. Grundrisse und Schnitte sind mit wenigen Ausnahmen im Maßstab 1:300 wiedergegeben. Ein Lageplan zeigt die städtebauliche Einbindung und die Orientierung des jeweiligen Gebäudes. Die Gebäudedaten geben Auskunft über Grundstücksgröße, Wohn- und Nutzfläche, Anzahl der Bewohner, Bauweise, Baujahr, Baukosten und Energiekennwerte. Die Angaben zu den Baukosten wurden von den Architekten zur Verfügung gestellt und beinhalten entsprechend der DIN-Norm 276 die reinen Baukosten inklusive Mehrwertsteuer. Nicht enthalten sind Grundstücks-, Erschließungs-, Baunebenen- und Finanzierungskosten. In einigen Fällen musste auf Wunsch der Bauherren auf diese Angaben verzichtet werden.

Danksagung
> Mein Dank gilt dem Callwey Verlag, der sich mit diesem Titel erneut dem Thema Einfamilienhaus zuwendet – dieses Mal unter dem Aspekt des Bauens mit Beton – und damit eine aktuelle Facette der Baukultur beleuchtet. Die Tatsache, dass dies in einem aufwändig gestalteten, attraktiven Band erfolgt, erfreut nicht nur mich als Autor, sondern wird hoffentlich ein breites Publikum ansprechen. Das Buch wendet sich an Bauherren und Architekten gleichermaßen wie auch an einen erweiterten Personenkreis, für den die Baukultur als gesellschaftlich relevantes Thema von Interesse ist. Hier werden gegenwärtige Trends in Architektur und Gesellschaft exemplarisch am Einzelfall festgemacht – eine interessante Momentaufnahme entsteht.

Bedanken möchte ich mich bei allen Beteiligten, die dieses Buch ermöglicht haben: an erster Stelle bei den Bewohnern der Häuser, die einen Einblick in ihr Domizil gewähren, sowie den Architekten, die den Leser nicht nur an ihren Entwurfsideen, sondern auch an der jeweiligen Entstehungsgeschichte eines Hauses teilhaben lassen. Auch den Fotografen, die es vermocht haben, die Architektur in ausgesuchten Bildeinstellungen einzufangen, gilt mein Dank. Besonderer Dank gebührt Frau Tina Freitag als verantwortlicher Redakteurin seitens des Verlags sowie Frau Bettina Hintze für ihr fachkundiges Lektorat.

Stuttgart-Bad Cannstatt im Januar 2009

Friedrich Grimm

EINLEITUNG

Betoneigenschaften allgemein
Als ein künstliches Produkt aus den Naturstoffen Kalkstein und Ton für den Zement, sowie Sand, Kies und Wasser als Zuschlag, erfüllt der Baustoff Beton exemplarisch die Anforderungen, die aus heutiger Sicht an das ökologische Bauen gestellt werden. Dies beginnt bereits bei der Herstellung im Zementwerk, wo hochwirksame Elektrofilter eine emissionsfreie Produktion gewährleisten, und reicht über kurze Transportstrecken, die durch ein dichtes Netz von Steinbrüchen, Zementfabriken und Betonwerken gewährleistet sind, bis hin zur Recyclierbarkeit des Werkstoffs, dessen Bruchstücke anstelle von Sand und Kies als Zuschlag für einen neuen Beton wiederverwendet werden können. Das Bauen mit Beton steht auch im Einklang mit dem Ziel einer langfristig tragfähigen, umweltschonenden und damit nachhaltigen Entwicklung, das der erstmals 1987 erschienene Brundtland-Bericht für die zukünftige Entwicklung von Gesellschaft und Wirtschaft moderner Industriestaaten benennt: Nachhaltig ist eine Entwicklung dann, „wenn sie den Bedürfnissen der heutigen Generation entspricht, ohne die Möglichkeiten künftiger Generationen zu gefährden, ihre eigenen Bedürfnisse zu befriedigen und ihren Lebensstil zu wählen".

Für die Beurteilung dieser übergeordneten Aspekte sind zunächst jedoch die konkreten bauphysikalischen Eigenschaften des Baumaterials Beton von Bedeutung.

Schallschutz
Hinsichtlich des Schallschutzes kann Beton überzeugen. Bei der Übertragung von Lärm unterscheidet man zwischen Luftschall und Körperschall. Der Einbau massiver, schwerer Wände und Decken aus Transportbeton oder Betonfertigteilen dämpft die Ausbreitung von Schallwellen in der Luft. Dabei spielt die hohe Rohdichte der massiven Bauteile eine entscheidende Rolle. Vereinfacht gilt: Je schwerer eine Wand, desto besser ist ihre Luftschalldämmung.

Durch ein Entkoppeln der Bauteile wird die Verbreitung des Körperschalls in festen Stoffen unterbunden. Beispielsweise verhindert eine Zwischenlage aus schwingungsdämpfendem Material zwischen Decke und Estrich – man spricht hier von einem schwimmenden Estrich – die Ausbreitung des Körperschalls. Zur Entkopplung der Schallübertragungswege empfiehlt es sich, Hohlräume mit einem Dämmstoff auszufüllen und bei der Ausbildung von Haustrennfugen oder Schlitzen auf eine sorgfältige Trennung zu achten, da unplanmäßige Verbindungen aus Mörtel oder Beton eine unerwünschte Schallbrücke bilden.

Brandschutz
Zwar stellt die Bauordnung bei Ein- und Zweifamilienhäusern keine besonderen Anforderungen an den Brandschutz, dennoch erweist sich die massive Bauweise aus einem nicht brennbaren Baustoff als vorteilhaft, weil die Bewohner zum einen von einer erhöhten Sicherheit und zum anderen von vergleichsweise günstigen Versicherungsprämien profitieren. Bauteile aus Beton und Leichtbeton gelten als „nicht brennbare Baustoffe der Klasse A1 gemäß der Baustoffklassifizierung nach DIN 4102". Sie erfüllen damit bei entsprechender Dimensionierung die Anforderungen der höchsten Feuerwiderstandsklasse und geben auch im Brandfall weder schädliche Dämpfe noch Gase ab. Darüber hinaus bleibt Beton bei Temperaturen von bis zu 1000 Grad, wie sie bei einem natürlichen Brand auftreten, weitgehend fest, trägt nicht zur Brandlast bei und leitet den Brand nicht weiter. Bereits relativ dünne Wände mit einer Dicke von 10 Zentimetern aus beidseitig verputztem Leichtbeton oder Porenbetonsteinen entsprechen der Feuerwiderstandsklasse F90-A.

Wärmeschutz
Die Aufgabe des baulichen Wärmeschutzes besteht darin, den Wärmeaustausch zwischen Innenräumen und der Außenluft, aber auch zwischen Räumen mit unterschiedlichen Temperaturen, wie beispielsweise zwischen Keller und Erdgeschoss, möglichst gering zu halten. Neben der Energieeinsparung reduziert ein guter Wärmeschutz auch das Risiko baulicher Schäden durch wechselnde Temperatureinwirkungen. Die Umfassungsflächen eines Gebäudes werden auch als Gebäudehülle bezeichnet und gliedern sich in Dach, Wände und Bodenplatte. Als öffenbare Elemente innerhalb der Gebäudehülle erhöhen Türen und Fenster die Wärmeverluste – auch in Form von Lüftungsverlusten –, während man die Wärmeverluste durch die

geschlossenen Teile der Gebäudehülle allgemein als Transmissionswärmeverluste bezeichnet. Beim Bauen mit Beton ist zur Reduktion der Transmissionswärmeverluste eine schlanke Konstruktion mit außen liegender Wärmedämmung ideal. Einige Beispiele in diesem Buch erweisen sich jedoch als lupenreine Betonbauten mit einer Sichtbetonoberfläche innen und außen und werfen damit die Frage nach ihrer Wärmedämmung auf. Eine der möglichen Antworten heißt Leichtbeton: Die Beispiele auf den Seiten 26, 36, 116, 136 und 148 zeigen das Bauen mit einschaligem Leichtbeton, dessen poröse Struktur ab einer Außenwanddicke von 40 Zentimetern den heutigen Ansprüchen an den Wärmeschutz genügt.

Eine andere Möglichkeit besteht in der systematischen Trennung der Gebäudehülle in eine Außen- und Innenschale mit dazwischengeschalteter Wärmedämmschicht (siehe Projekt Seite 30). Einschalige Außenwandkonstruktionen mit außen liegender Sichtbetonoberfläche erfordern, wie die Beispiele auf Seite 40 und Seite 142 zeigen, eine konsequente raumseitige Wärmedämmung. In der Regel wird jedoch eine raumseitige Sichtbetonoberfläche mit einer außen liegenden Wärmedämmschicht kombiniert, wobei der Beton vorteilhafterweise als Speichermasse zum thermisch konditionierten Innenraum gehört. Diese Anordnung erlaubt die Ausbildung unterschiedlicher Fassaden mit einer schützenden Wetterhaut aus Putz oder bei hinterlüfteten Fassaden auch aus anderen Materialien: Die Wetterhaut kann in diesem Fall aus einer Holzschalung, einer Schalung aus klein- oder großformatigen Platten aus Faserzement, ja sogar aus Metall bestehen. Mit der Raumluft unmittelbar in Berührung stehend, leistet der Beton einen Beitrag zum Raumklima, indem die Betonoberflächen gespeicherte Wärme oder Kühle zeitverzögert an die Raumluft abgeben. Im Sommer kann deshalb aufgrund der Nachtabkühlung eine Überhitzung der Wohnräume vermieden werden, während die Massivbauteile in den Übergangsjahreszeiten und im Winter die eingestrahlte solare Energie speichern können (siehe Projekt Seite 48).

Den Beton selbst thermisch zu aktivieren, stellt bei Wohnbauten eine vollkommen neue Möglichkeit zur Herstellung eines behaglichen Raumklimas dar. Dabei wird ein Heiz- oder Kühlregister in Form von Kunststoffrohren bereits beim Rohbau in die Schalung mit eingebaut. Wasser als Wärmeträgerflüssigkeit vermag dem Raum sowohl Wärme zuzuführen, indem während der Heizperiode warmes Wasser durch den Beton zirkuliert, als auch Wärme zu entziehen, indem der Beton von kühlem Wasser durchströmt wird, wobei seine Temperatur sinkt, sodass er über seine Oberfläche Wärme aus der Raumluft aufnimmt. Diese bisher nur als Fußbodenheizung genutzte Niedertemperaturstrahlungsheizung kann, je größer die thermisch aktivierten Oberflächen sind, mit umso geringeren Vorlauftemperaturen betrieben werden. Im Idealfall liegen die Vorlauftemperaturen nur zwei bis drei Grad über der Raumlufttemperatur. Auf diese Weise entstehen keine unerwünschten Luftbewegungen im Raum, die als Zugerscheinungen die Behaglichkeit empfindlich stören. Studien haben gezeigt, dass die gefühlte Temperatur für das Wohlbefinden eine wichtige Rolle spielt. Thermisch aktivierte Oberflächen ermöglichen die Absenkung der Raumlufttemperatur um bis zu zwei Grad ohne Komforteinbuße.

Aus einem Guss: Stahlbeton kam bei diesem skulptural geformten Chalet im Bündner Oberland sowohl für die Trag- als auch die Fassadenkonstruktion zum Einsatz (siehe Projekt Seite 116).

Trotz voll verglaster Südseite bleibt die Temperatur in diesem Haus in Backnang auch im Sommer angenehm kühl: Die hohe Speicherkapazität der massiven Stahlbetonwand im Norden verhindert eine Überhitzung der Räume (siehe Projekt Seite 48).

Feuchteschutz

Das Feuchteverhalten der raumabschließenden Oberflächen hat einen großen Einfluss auf das Raumklima. Nach dem Abbinden des Betons ist ein Teil des Anmachwassers verdunstet und der verbleibende Rest ist im Zement so fest eingelagert, dass spätestens nach einer Heizperiode keine Feuchtigkeit mehr an die Raumluft abgegeben wird. Luftfeuchtigkeit von innen entsteht durch die Bewohner selbst, durch ihre Aktivitäten wie Kochen und Baden, aber auch durch Zimmerpflanzen. Regelmäßige Stoßlüftungen sorgen für den notwendigen Austausch von feuchter Raumluft und trockener Außenluft. Eine mechanische Entlüftung über Wärmetauscher bietet dabei den Vorteil vergleichsweise geringerer Wärmeverluste. Beton ist aber auch in der Lage, einen Teil der Feuchtigkeit, wie er bei stoßartiger Feuchtebelastung beim Kochen oder Duschen entsteht, vorübergehend zu speichern und später wieder an die Raumluft abzugeben. Als dampfdiffusionsoffener Baustoff kann er Wasserdampf in gewissem Umfang durch die Außenwände leiten – im Winter von innen nach außen und im Sommer von außen nach innen.

In Untergeschossen und Kellern kommt es darauf an, dass keine Feuchtigkeit von außen eindringt. Beton mit einem hohen Wassereindringwiderstand und entsprechenden Fugenausbildungen hält als so genannte „weiße Wanne" ohne zusätzliche Abdichtung die Feuchtigkeit von den Kellerräumen fern.

Zusammensetzung

Wasser, Zement und Steine sind die Grundzutaten sowohl für Spachtel als auch für Mörtel und Beton. Während Mörtel aus Wasser, Sand und Zement besteht, zeichnet sich der Beton durch eine gröbere Gesteinskörnung mit einer Mindestkorngröße von vier Millimetern aus. Ist diese Körnung kleiner, spricht man von Spachtel oder Feinspachtel, deren Bindemittel auch aus Kalk oder Gips bestehen kann. In Pulverform mit Wasser angerührt, erstarren Kalk, Gips und Zement in einer chemischen Reaktion, bei der – bei einem Kalkmörtel – gebrannter Kalk als Kalziumkarbonat Kohlendioxid aus der Luft aufnimmt und sich auf diese Weise wieder in ein hartes Karbonat zurückverwandelt. Kalk und Gips können jedoch nur an der Luft aushärten.

Bei Zement handelt es sich um ein Mineralgemisch, das durch Glühen von Kalk, Sand und Ton bei Temperaturen um 1400 Grad entsteht. In der Reaktion von Oxid aus Kalk mit dem Siliziumoxid aus Sand und dem Aluminiumoxid aus Ton entstehen so genannte Klinker, die in der Regel auch noch Eisenoxid enthalten, das zusammen mit dem Aluminiumoxid eine schwarze Substanz bildet und für die graue Färbung des Betons verantwortlich ist. Die Klinker nehmen durch Hydratation das Anmachwasser auf und verfilzen dabei zu einer Masse aus faserigen Kristallen, die als Bindemittel die Zuschläge untereinander fest verbinden. Diese chemische Reaktion läuft selbst unter Wasser ab und setzt sich auch noch fort, nachdem der Beton längst seine Nennfestigkeit erreicht hat.

Historie

Bereits die Römer kannten einen hydraulischen Zement, den sie als unter Wasser aushärtenden Beton zum Bau von Hafenanlagen und für Aquädukte, Bäderanlagen, ja sogar für Tempelbauten nutzten. Das wohl bekannteste Beispiel dafür ist das Pantheon in Rom. Die Spannweite dieses eindrucksvollen Kuppelbaus beträgt 43,20 Meter und wurde erst im 20. Jahrhundert durch einen Betonbau, nämlich die Jahrhunderthalle in Breslau, mit einer Spannweite von 65 Metern übertroffen. Einen stahl- oder eisenbewehrten Beton kannten die Römer zwar nicht, dennoch gelang ihnen mit vorwiegend druckbeanspruchten Strukturen wie Gewölbe und Schale die Überbrückung großer Spannweiten. Im Falle des Pantheons nutzten sie dafür Leichtbeton, dessen Dichte und Anordnung den Kräfteverlauf innerhalb der riesigen Kuppelkonstruktion widerspiegelt.

Die Technik des Gießens einer flüssigen Masse in eine fest gefügte Schale oder Schalung gehört zu den ältesten Kulturtechniken der Menschheit überhaupt. Bereits im dritten Jahrtausend v. Chr. wurde in Uruk eine Tempelanlage mit Wänden aus gegossenem Gips unter Zusatz von gestoßenen Ziegeln errichtet. Im Libanon, dem Siedlungsgebiet der Phönizier, nutzte man einen mit Zedernholz gebrannten Kalk zur Herstellung eines wasserfesten Mörtels mit Zuschlägen von Ziegelmehl oder vulkanischer Asche. Die Griechen entwickelten im zweiten Jahrhundert

v. Chr. eine neue Schaltechnik, bei der ein Gemisch aus Kalkmörtel und rohen Bruchsteinen zwischen zwei gemauerte Wandschalen gefüllt wurde, die durch Ankersteine, die so genannten „Diatonoi", untereinander verbunden wurden. Diese Art des Mauerwerks nannten sie „Emplekton", was soviel bedeutet wie „das Eingestampfte". Diese Technik eines beidseits verblendeten Gussmauerwerks haben die Römer als „Opus caementitium" zur Perfektion entwickelt. Mit Zuschlägen aus Tuffstein vulkanischen Ursprungs, den so genannten „Puzzolanen", erhielt der römische Beton eine ausgezeichnete Festigkeit und nimmt damit den Betonbau unserer Tage vorweg. Als hydraulischer Beton ist er wasserfest, enthält Bruchstücke aus Ziegel und Tuff oder Kieseln mit einer Korngröße bis zu 70 Millimetern als Zuschlagstoffe, die vor dem Einbringen in eine Schalung zusammen mit dem Mörtel untereinander vermischt und mechanisch verdichtet werden. Schalungsraue Oberflächen, die die Spuren einer Holzschalung erkennen lassen, findet man bei römischen Zisternen und in Keller- und Nebenräumen von Thermen und Arenen.

Mit Sichtbeton gaben sich die Römer jedoch nicht zufrieden. In ihren Monumentalbauten haben sie den tragenden Beton mit unterschiedlichen Techniken der Verblendung kaschiert. Im Unterschied zu heutigen Fassadenbekleidungen, die in der Regel als hinterlüftete Konstruktionen ausgebildet werden, sieht die römische Verblendtechnik eine vollsatte Hintermörtelung der Außenschalen vor und bietet eine ganze Palette unterschiedlicher Strukturen für Außen- und Innenräume, die als „Opus quadratum" mit großformatigen Natursteinplatten attraktive Schaufassaden ebenso umfassen, wie als „Opus reticulatum" mosaikartige Sichtflächen aus Ziegel und Marmor bei innenraumseitigen Oberflächen.

Die Baugeschichte des Mittelalters zeigt, dass das Wissen um die richtige Mischung zur Herstellung von Beton, ja selbst um das Anrühren eines wasserfesten Mörtels, zusammen mit anderen kulturellen Errungenschaften der Römer zumindest in Westeuropa verloren gegangen ist. Reiner Lehm, gelegentlich mit Sand versetzt, wird als Mörtel zum Beispiel für deutsche Wehrbauten und Rathäuser verwendet. Bis ins 17. Jahrhundert hinein wird mit unterschiedlichen Zuschlagstoffen experimentiert. Für die Kalkmörtelbereitung wird Essig empfohlen, im Wien des Jahres 1450 wird für das Anrühren eines Mörtels der Heurige verschwendet.

Erst im 18. Jahrhundert gelingt es dem Ingenieur John Smeaton (1724–1792), ein verbessertes Bindemittel zu entwickeln. Mit wissenschaftlicher Methodik hatte er für den Wiederaufbau des Eddystone-Leuchtturms bei Plymouth eine Mörtelmischung gefunden, die aus gleichen Teilen von Kalk und italienischer Puzzolanerde besteht. In erhärtetem Zustand so fest wie Portlandstein, ist diese Mörtelmischung unter der Bezeichnung Portlandzement bis heute bekannt. Nachdem Smeaton auch für die Zuschlagstoffe eine Idealmischung gefunden hatte, ist der wiederentdeckte Beton ab 1817 in England als „concrete" bekannt. Damit war die Erfindung eines künstlichen Steins, der in flüssiger Form als Gemisch aus Wasser, Zement und Zuschlägen in eine feste Form eingebracht wird, die er im erhärteten Zustand beibehält, zum zweiten Mal erfolgt.

Ortbeton
Einer der Hauptvorteile des Bauens mit Betons besteht darin, dass er als plastisch verformbare Masse entweder an der Baustelle selbst gemischt oder mit Mischfahrzeugen auf die Baustelle gebracht wird, um dort als Ortbeton in einer Schalung zu erhärten. Heute werden etwa 85 Prozent des Betons als flüssiger Transportbeton zur Baustelle gebracht.

Fertigteile und Halbfertigteile
Die Trennung von Produktion und Montage ist eine Schlüsseltechnologie für eine effiziente und wirtschaftliche Bauweise. Die Elementierung einer Konstruktion in transportfähige Elemente ermöglicht die Verlagerung des Herstellungsprozesses eines Bauwerks von der Baustelle in einen Industriebetrieb. Damit sind die Voraussetzungen für eine wirtschaftliche Produktion der einzelnen Fertigteile in gleich bleibender Qualität, unabhängig von der Witterung, gegeben. Idealerweise findet am Bauplatz selbst ein Montageprozess statt, bei dem die unterschiedlichen Fertigteile wie Wand- und Deckenscheiben

oder Stützen, Träger und Platten lediglich gefügt werden müssen. Diese Art des Bauens setzt eine sorgfältige Planung sowie genaue Kenntnisse über die möglichen Maße und Gewichte der einzelnen Fertigteile bei Transport und Montage voraus. Durchdachte Montageverbindungen und definierte Krafteinleitungspunkte, zum Beispiel auch für die Kranmontage, müssen ebenso berücksichtigt werden wie bauseitig vorbereitete Anschlüsse und Verbindungen.

Ein frühes und eindrucksvolles Beispiel für die Fertigbauweise ist das Gebäude für die Weltausstellung in London von 1851, das Joseph Paxton konzipiert hat. Bei dem so genannten Kristallpalast schuf ein Baukastensystem aus gusseisernen Stützen und Trägern als Skelettbauelemente sowie ein mit gleich großen Glasscheiben ausgefachtes Sprossenwerk die Voraussetzungen für einen Montageprozess, dessen Organisation und Geschwindigkeit bis heute Maßstäbe setzt.

Bereits ganz am Anfang der Entwicklung des Stahlbetons stehen Fertigteile: Aus dem Jahr 1867 datiert das Patent von Joseph Monier für Kübel, Röhren und Platten aus bewehrtem Beton. Im Jahr 1896 produziert Hennebique transportable Fertighäuser für Schrankenwärter aus fünf Zentimeter dicken Eisenbetonwänden. 1922 gestaltet Perret die nicht tragende Fassade von Notre-Dame in Le Raincy aus gebrochenen filigranen Fertigteilwandelementen aus Stahlbeton. Die Verwendung vorgefertigter Betonelemente bleibt jedoch fragmentarisch in einer Zeit, die gerade erst begonnen hat, die Möglichkeiten des Bauens mit Stahlbeton zu entwickeln.

Erst ab den Fünfzigerjahren des vergangen Jahrhunderts erfolgt die systematische Entwicklung des elementierten Bauens mit Beton: Es werden Lösungen gefunden sowohl für die Probleme der Maßtoleranzen und der Verbindung der einzelnen Bauelemente untereinander als für auch die Abstimmung der unterschiedlichen Fertigteile aufeinander. Auch die strukturelle Einordnung in das Spektrum anderer Bauformen erfolgt Schritt für Schritt. Heute sind alle Voraussetzungen für die Herstellung maßgenauer Fertigteile in einer konstanten Werkstattqualität gegeben. Aus großformatigen Elementen werden Decken, Wände und Dächer hergestellt. Fertigteilkonstruktionen aus Stützen und Balken, aber auch vorfabrizierte Sanitär-

Eine Verbundkonstruktion aus Stahl und Beton ermöglichte es bei diesem Einfamilienhaus im Tennengau, eine weit spannende, auskragende Decke zu realisieren, deren Last nur von einigen wenigen Stahlstützen im Hausinneren abgetragen wird (siehe Projekt Seite 100).

zellen gehören heute zum Standardrepertoire eines Fertigteilwerks. Von geschlossenen Systemen wie etwa der Großtafelbauweise, die eine gute Lösung zur Beseitigung der Wohnungsnot in der Vergangenheit war, häufig aber mit einer uniformen und dürftigen Gestaltung heutigen Ansprüchen nicht mehr genügt, hat sich der Fertigteilbau zu offenen Systemen hin entwickelt und kann durch seine hohe Anpassungsfähigkeit auch bei individuellen Bauten einen wichtigen Beitrag zu ihrer wirtschaftlichen Herstellung leisten. Aufgrund ihrer hohen Anpassungsfähigkeit und des geringen Transportgewichts vereinen Halbfertigteile die Vorteile der Vorfertigung im Werk mit einer individuellen Anpassungsfähigkeit auf der Baustelle. Vorgefertigte Wand- und Deckenelemente erhalten erst durch den Verguss mit Ortbeton ihre endgültige Tragfähigkeit.

Beton im Zusammenwirken mit anderen Materialien
Die beiden unterschiedlichen Baustoffe Stahl und Beton ergänzen sich als Verbundbaustoff optimal. In einer Art Arbeitsteilung nimmt dabei der Beton die Druckkräfte und der Stahl die Zugkräfte auf. Als Stahlbeton bezeichnet man einen Beton, der mit Stahleinlagen in Form von Drähten, Stäben oder Matten zur Aufnahme von Zugkräften bewehrt ist. Von einem Spannbeton spricht man, wenn die Stahleinlage als Spannstahl vorgespannt ist, sodass in dem umgebenden Beton bei Zug- und Biegebeanspruchungen keine schädlichen Risse auftreten. Die arbeitsteilige Lastaufnahme zwischen Stahl und Beton ist aber auch ohne monolithischen Verbund der beiden Werkstoffe möglich. Konstruktionen, bei denen zug- und druckbelastete Bauteile räumlich voneinander getrennt sind und aus unterschiedlichen Materialien bestehen, bezeichnet man allgemein als Verbundkonstruktionen. Neben einer Material- und Gewichtseinsparung zeichnen sich solche Konstruktionen durch die Ablesbarkeit des Kraftflusses aus. Weitverbreitet sind Verbunddecken, bei denen eine Stahlbetondeckenplatte und Stahlträger durch schubsteife Verbindungselemente in Form von Kopfbolzen untereinander verbunden sind. Diese Bauweise eignet sich für vergleichsweise leichte und weit spannende Deckenkonstruktionen (siehe Projekt Seite 100).

Die Erforschung synergetischer Effekte zwischen Beton und anderen Materialien hat gerade erst begonnen. Als Holz-Beton-Verbundkonstruktionen können Fertigteile und Halbfertigteile für Wand, Decke und Dach gerade auch für den Einfamilienhausbau hergestellt werden. Wie das Beispiel auf Seite 26 zeigt, kann man bei hoch wärmedämmendem Leichtbeton den Stahl durch eine entsprechende Armierung aus Glasfasereinlagen ersetzen. Faserbeton mit einer Bewehrung aus Stahl-, Glas-, Textil- oder Kunststofffasern erschließt weitere Anwendungen für Betonfertigteile, die von dünnwandigen Faserzementplatten als Fassadenbekleidung bis hin zu Einrichtungs- und Sanitärgegenständen reichen.

Schalungstechnik und Oberflächengestaltung
Die Oberfläche des erhärteten Betons bestimmt die architektonische Wirkung eines Bauwerks oder Bauteils und spiegelt in Struktur und Farbe den Herstellungsprozess wider. Für die Vereinbarung einer bestimmten Oberflächenqualität zwischen Architekt und Bauherr auf der einen Seite und dem ausführenden Betrieb auf der anderen Seite sind deshalb genaue Kenntnisse über die Zusammensetzung des Betons selbst und die jeweilige Schalungstechnik unbedingt erforderlich. Roher Beton oder „béton brut" bleibt nach dem Entschalen unbehandelt und zeigt an seinen Ansichtsflächen eine aus Zementstein und überwiegend feinen Zuschlägen gebildete Mörtelschicht. Unregelmäßigkeiten im Schalungsaufbau, die Auswahl der jeweiligen Schalhaut und die Verarbeitung der Schalung bestimmen die Oberflächenqualität.

Mit Sichtbeton zu planen bedeutet, die Schalung zu gestalten. Die Anordnung von Schalungsankern, Fugen, Versprüngen und Strukturwechseln muss von vornherein bedacht werden, um die gewünschte Sichtbetonoberfläche zu erhalten. Detaillierte Angaben dazu werden in den Schalwerkplänen gemacht. Der Vorteil so genannter saugender Schalungen, zum Beispiel aus naturbelassenen Brettern, Bohlen, unbeschichteten Tafeln oder textilen Schalungsbahnen, besteht in der Möglichkeit, durch den Entzug von Luft oder Überschusswasser aus den Betonrandzonen weitgehend lunkerfreie Ansichts-

flächen herstellen zu können. Im Gegensatz dazu liefern nicht saugende Schalungen, zum Beispiel aus Stahlblech oder Kunststoff, nahezu spiegelglatte, aber – wegen ihres Unvermögens, Überschusswasser abzuführen – nicht unbedingt porenfreie Oberflächen.

Im Hinblick auf unterschiedliche ästhetische Wirkungen oder um bestimmte Anforderungen zu erfüllen, definiert die DIN 18217 Betonoberflächen und Schalhaut sehr genau: Das Spektrum reicht von einer glatten Kunststoffschalung mit kleinen Lunkern und flächigen Verfärbungen über die raue Brettschalung, die gehobelte oder die geflammte Schalung, die jeweils die Holzstruktur hervorheben, und die gespundete Schalung, die das Austreten von Zementmörtel verhindert und die Bildung unerwünschter Grate vermeidet, bis hin zu Strukturschalungen zur Sichtflächengestaltung mittels vorgefertigter Schalungsmatrizen. Besondere Beachtung verdient – neben der Anordnung von Fugen und Stößen, die zum Beispiel durch die Einbringung von Trapezleisten in verschattete Zonen verlegt werden können – die Anordnung und Ausbildung der Schalungsanker, die grundsätzlich mit Hüllrohren oder Schalungsspreizen und konusförmigen Vertiefungen ausgebildet werden sollen. Da die Ankerstellen sichtbar bleiben, empfiehlt sich eine sorgfältige Planung des Schalbilds mit gleichmäßig verteilten oder regelmäßig angeordneten Spannankern. Sollen die Ankerstellen sichtbar bleiben, empfiehlt sich der Einbau vertiefender Konen, eine vertiefte Verspachtelung und das Verstöpseln der Hüllrohre.

Nachträglich bearbeitete Betonoberflächen bieten eine reiche Palette unterschiedlicher Gestaltungsmöglichkeiten: Erfolgt die Oberflächenbearbeitung vor dem Erhärten des Betons, können durch Auswaschen der obersten Zementschicht – zum Beispiel bei so genanntem Waschbeton – Struktur, Farbe und Beschaffenheit der groben Zuschläge hervorgehoben werden. Das so genannte Feinwaschen bringt durch ein späteres Auswaschen an in der Abbindung verzögerten Betonoberflächen feine Strukturen hervor, die an das Gefüge eines natürlichen Steins erinnern.

Nach dem Erhärten können die Betonoberflächen auf unterschiedliche Weise bearbeitet werden: Sandstrahlen entfernt den oberflächennahen Feinmörtel und öffnet die Poren (siehe Projekt Seite 90). Stocken, Spitzen, Scharrieren oder Bossieren sind als steinmetzmäßige Techniken der Bearbeitung von Natursteinen entlehnt und erzeugen entsprechende Oberflächenstrukturen. Weitere, der Steinbearbeitung entlehnte Oberflächengestaltungen entstehen durch Sägen und Brechen oder durch Schleifen und Polieren. Dabei können sehr hochwertige, terrazzoähnliche Oberflächen hergestellt werden.

Schließlich kann durch Absäuern oder Fluatieren, aber auch durch Flammstrahlen die Betonstruktur mit unterschiedlichen Zuschlägen und Bindemitteln sichtbar gemacht werden. Die Bearbeitung der Betonoberflächen bringt die Eigenfarben der groben und feinen Zuschläge und die Farbe des gewählten Zements zur Wirkung. Unterschiedliche Farb- und Strukturwirkungen sind durch eine gezielte Auswahl der Zuschläge, zum Beispiel Granit, Kalkstein, Porphyr oder Quarz, sowie durch die jeweilige Kornform, rund als Kies oder eckig als Splitt, möglich. Die Farbe eines Betons hängt zunächst von der Auswahl des Zements ab – Portlandzemente liefern sowohl ein dunkles Grau als auch ein helles Weiß. Ein helleres Grau kann

Betonoberflächen lassen sich auch nach nach dem Erhärten auf unterschiedliche Weise bearbeiten. Bei diesem Atriumhaus in Virgen wurde der oberflächennahe Feinmörtel nachträglich durch Sandstrahlen entfernt (siehe Projekt Seite 90).

durch die Verwendung von Portlandhütten- und Hochofenzementen erzielt werden; Portlandölschieferzement schließlich zeichnet sich durch ein rötliches Braun aus.

Darüber hinaus stehen eine Reihe von Farbpigmenten zur Verfügung, um den Beton in seiner Masse durchzufärben. Zur Färbung von einem Kubikmeter Beton werden circa zehn Kilogramm Pigment benötigt. Eisenoxide färben den Beton braun, gelb, rot oder schwarz. Die Zugabe von Chromoxid oder Chromoxidhydrat ruft einen Grünton hervor, während Kobalt- und Aluminiumoxid eine Blaufärbung ermöglichen. Grauer Zement lässt die Farbtöne gedeckt und dunkel wirken, während sie bei weißem Zement heller und reiner erscheinen. Bei einer strukturierten Oberfläche kommt die Farbigkeit des Betons besser zum Ausdruck.

Die Luftverschmutzung und die Einflüsse der Witterung können das Aussehen und die bauphysikalischen Eigenschaften des Betons beeinflussen. Leichtbeton zum Beispiel, der durch Feuchtigkeitsaufnahme einen Teil seiner wärmedämmenden Wirkung einbüßt, benötigt als Oberflächenbehandlung eine hydrophobierende Imprägnierung, um das Eindringen von Wasser zu vermeiden. Farbige Lasuren und Beschichtungen verhindern das Eindringen von Wasser, Schmutz und Schadstoffen und ermöglichen eine gezielte Farbgestaltung des Betons wie etwa bei dem Projekt auf Seite 142: Das Beispiel zeigt einen interessanten Oberflächeneffekt, hervorgerufen durch eine mehrschichtige Lasur. Beschichtungen dienen dem Oberflächenschutz und können zur Überbrückung von Rissen starr oder elastisch ausgebildet werden. Starre Beschichtungen passen sich den Konturen des Untergrunds an; die Poren der Betonoberfläche bleiben offen. Beschichtungen auf Acrylatbasis können glänzend oder matt ausgebildet werden und behindern das Eindringen von Feuchtigkeit und Schadstoffen in den Beton. Elastische Beschichtungen überdecken feine Konturen im Untergrund; Poren werden geschlossen und Risse kleiner als 0,2 Millimeter werden dauerhaft überbrückt. Tapezierfähiger Beton benötigt eine glatte, porenarme Oberfläche, eine genaue Planung der Schalung sowie eine sorgfältige Zusammensetzung und Verarbeitung beim Einbringen, Verdichten und Nachbehandeln.

Ausblick

Neue Betonmischungen, bei denen Glasfasern und Fasergewebe die Ausbildung dünnwandiger Fassadenbauteile ermöglichen, sowie strukturierte Matrizen für die Herstellung von Fertigteilen erweitern den Gestaltungsspielraum an der Betonoberfläche durch geometrische Formen, die den Bauplänen der Natur entlehnt zu sein scheinen. Eine immer weiter entwickelte Schalungstechnik sprengt die orthogonale Ordnung herkömmlicher Systeme und erlaubt die Ausbildung ein- und zweiachsig gekrümmter Oberflächen. Stellvertretend für diese Entwicklung steht das steinerne Haus von Günther Domenig als Anfang und Ende eines fortwährenden Auslotens der Machbarkeit. Als zerklüfteter Polyeder aus Beton, Stahl und Glas ist dieses Gebäude eine gebaute Architektenbiografie. Dass es auch ein Wohnhaus des Architekten ist, der diesen Bau als Begegnungsstätte und Diskussionsforum der Zukunft gewidmet hat, sprengt zwar den Rahmen dieser Beispielsammlung, soll aber als „Stein des Anstoßes" zum Nachdenken anregen und hier ein Schlussstein sein. ◻

Moderne Schalungstechniken machen es möglich: Das „Steinhaus" von Günther Domenig am Ossiacher See ist das gebaute Ergebnis seiner kompromisslosen Suche nach einer individuellen Ausdrucksform und gilt als Schlüsselwerk experimenteller Architektur.

> Titus Bernhard Architekten   > Einfamilienhaus in Ertingen

WOHNEN ZU EBENER ERDE

> Dort, wo die Ausläufer der Schwäbischen Alb sich allmählich zur Donau hin abflachen, entstand an einem Westhang dieses mit Bedacht in die Landschaft hineinkomponierte Haus. Der Entwurf ist das Ergebnis eines internationalen Wettbewerbs, aus dem der Architekt mit dem ersten Preis hervorging. Anders als erwartet – für das Areal war ursprünglich eine mehrgeschossige Villa mit Blick auf die gut drei Kilometer entfernte Donau vorgesehen –, hatte er ein Konzept vorgelegt, das dem speziellen Bauplatz auf zweierlei Weise zu entsprechen sucht: Die Qualität des Grundstücks sah der Architekt zunächst in seiner Weitläufigkeit, weniger in dem teilweise durch eine mehrspurige Schnellstraße und Gewerbebauten verdeckten Panoramablick auf die Donauauen. Mit seinem ambivalenten Entwurfskonzept nimmt er daher einerseits Bezug auf die Landschaft, verschließt das Haus jedoch andererseits mit nach innen gekehrten Räumen und Atrien vor der Umgebung. Die Heterogenität des baulichen Umfelds wurde hier als Chance begriffen, sich von bestehenden Bauformen oder Typologien zu lösen. Das Haus repräsentiert einen eigenen, aus der Besonderheit des Orts entwickelten Gebäudetyp, der den Bewohnern über gezielt gesetzte Öffnungen die außenräumlichen Qualitäten des Grundstücks nahebringt und ihnen mit Höfen zugleich sichtgeschützte Freibereiche bietet.

Das Raumprogramm wurde in einer Art „Matrix" organisiert, die – ähnlich wie ein Setzkasten – innerhalb einer vorgegebenen Struktur eine gewisse Flexibilität sowie individuelle Kombinationsmöglichkeiten zulässt. Die räumliche Gliederung des Hauses verbindet Funktionalität mit atmosphärischer Vielfalt: Ständig wechselnde Durchblicke, Innen- und Außenbezüge auf zwei leicht gegeneinander versetzt angeordneten Ebenen führen die Funktionsbereiche gleichsam auf einem Feld zusammen. Dieses fließende Raumkontinuum wird von vier Themenhöfen begleitet: ein Kieshof, ein Wasserhof, ein Spielhof und ein Sonnendeck lassen unterschiedliche Binnenzonen und Freibereiche entstehen.

Hangseits ist der Baukörper in das Gelände eingelassen, sodass er von der Erschließungsstraße kaum wahrnehmbar ist. Talwärts erhebt er sich mit einem kräftigen Sockel, der eine breit gelagerte Aussichtsplattform entstehen lässt, über das Terrain. Eine elegante, sorgfältig in den Hang eingeschnittene Treppe führt in zwei Stufenkaskaden zu einem eingezogenen Eingangsbereich mit Windfang. Trotz des offen angelegten Grundrisses sind die einzelnen Funktionsbereiche als in sich abgeschlossene Einheiten ausgebildet: Garage, Neben- und Lagerräume sowie ein Gäste- und Ateliertrakt sind zur Straße hin orientiert. Auf der Gartenseite bildet der Wohnbereich mit Bibliothek, Küche und Essplatz eine weitere Funktionsspange. Die in Ost-West-Richtung verlaufende Erschließungsachse gliedert das Volumen weiter auf und teilt den nach Süden hin orientierten Trakt mit den Privaträumen ab.

Beton ist nicht nur ein ideales Material für das Bauen in der Erde, sondern ermöglicht es wie auch in diesem Fall, eine reliefartige, abgetreppte Bodenplatte auszubilden, sodass eine an die unterschiedlichen Funktionsbereiche des Hauses angepasste Plattform entsteht. Wandscheiben und flache Deckenplatten mit randständigen Überzügen sind die einzigen weiteren Elemente der höchst einfachen Tragstruktur. Im Innern wird der Tageslichteinfall gekonnt inszeniert und erzeugt reizvolle Stimmungen: Man nimmt nicht nur den Kontrast zwischen Hell und Dunkel, zwischen direktem und indirektem Licht wahr, sondern auch die feinen Modulationen, die den Raum aufzuweiten oder zu verdichten scheinen. In diesem Sinne sind auch die großen, verschiebbaren Torfelder zu verstehen, die einerseits als Sonnenschutzelemente fungieren, andererseits die Höfe öffnen oder schließen. Es entsteht ein reizvolles Wechselspiel zwischen Aus- und Einblicken, Licht und Schatten. Mit diesen Schiebeelementen lässt sich nicht nur die Landschaft ein- oder ausblenden: Auch das Maß an „Öffentlichkeit" oder „Privatheit" ist variabel. ◻

> GEBÄUDEDATEN
> Grundstücksgröße: 6 200 m²   > Wohnfläche: 427,5 m²   > Zusätzliche Nutzfläche: 133 m²   > Anzahl der Bewohner: 4   > Bauweise: Ortbetonbau   > Baujahr: 2007
> Baukosten pro m² Wohn- und Nutzfläche: 2800 Euro (WF), 2140 Euro (NF)   > Eigenleistung: –   > Baukosten gesamt: ca. 1,2 Mio. Euro

[1] Mit grandioser Selbstverständlichkeit ruht das Gebäude in der sanft hügeligen Wiesenlandschaft. Die nach Westen hin orientierte Wohnebene hebt sich mit einem eleganten Sockel vom Gelände ab.

[2] Großformatige Schiebeelemente aus Metall, deren Oberfläche unregelmäßig perforiert ist, dienen als Schattenspender und Sichtschutz zugleich.

[3] Wohltuende Proportionen, edle Materialien und der allgegenwärtige Bezug nach außen charakterisieren den Innenraum.

[1] Eine rahmenlose, übereck angeordnete Fensteröffnung ist so nur mit Stahlbeton zu realisieren.

[2] Die nicht tragenden deckenhohen Glaswände sind teilweise als Schiebeelemente ausgebildet und öffnen die Innenräume zu den Höfen.

[3] Wechselnde Ein- und Ausblicke sowie diagonale Sichtachsen kennzeichnen das offene Raumkontinuum, das sich über zwei leicht gegeneinander versetzt liegende Ebenen erstreckt.

Querschnitt
M 1:300

Längsschnitt
M 1:300

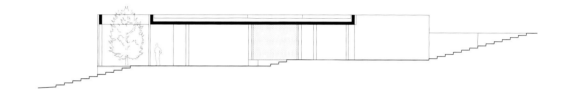

Erdgeschoss
M 1:300

1 Windfang
2 Garderobe
3 Hauswirtschaft
4 Weinkeller
5 Lager
6 Garage
7 Werkstatt/Technik
8 Kieshof
9 Arbeiten/Gast/Atelier
10 Kind
11 Spielhof
12 Ankleide
13 Eltern

14 Bad/Wellness
15 Billard
16 Spülküche/Kühlraum
17 Kochen
18 Essen
19 Sitzmulde
20 Wohnen
21 Kamin
22 Bibliothek
23 Sonnendeck
24 Wasserhof
25 Bad

Lageplan

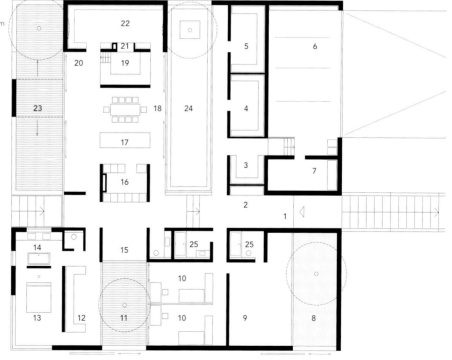

> Braun Associates Architekten　　　> Mehrgenerationenhaus in Reutlingen

TRANSPARENT GEBÄNDERTER SOLITÄR

> Mit seiner Aussichtsseite auf den Reutlinger Hausberg, die Achalm, und auf die Schwäbische Alb ausgerichtet, bezieht dieses Gebäude eindeutig Stellung gegenüber seiner Umgebung. Als „protagonistisches Wohnkonzept für sieben Menschen plus x" geplant, entwickelt sich das Mehrgenerationenhaus über der Hangkante eines 22 Meter breiten und 50 Meter langen südost geneigten Grundstücks. Die Längsseiten des röhrenförmigen massiven Baukörpers sind durch regelmäßige verglaste Quereinschnitte unterbrochen: Sie stellen nicht nur die optimale Besonnung aller Wohnbereiche sicher, sondern lassen auch möglichst viele Räume an dem herrlichen Ausblick teilhaben. Der ebenso einfachen wie klar strukturierten Form steht eine differenzierte Grundrissgestaltung gegenüber: Eine mittig angeordnete Kernzone teilt die Anlage in Längsrichtung in zwei Hälften, nimmt Nasszellen und Treppen auf und dient darüber hinaus der Aussteifung des Baukörpers. Auf diese Weise werden die Wohneinheiten in jeder Ebene klar voneinander getrennt. Die beiden Gebäudehälften lassen sich jedoch über zusätzliche horizontale Verbindungen zusammenschalten, sodass auch auf lange Sicht ein Höchstmaß an Flexibilität gewährleistet bleibt: Ohne großen Aufwand lässt sich der Grundriss an wandelnde Wohnbedürfnisse anpassen.

Das Untergeschoss nimmt eine Tiefgarage, Keller- und Technikräume, eine Einliegerwohnung sowie das Büro des Bauherrn auf. Über die stirnseitige Glaswand und eingegrabene Lichthöfe, die das Gebäude flankieren, fällt Tageslicht herein. Eine breite, in den Hang eingeschnittene und von seitlichen Stützwänden gefasste Terrasse mit Swimmingpool erweitert die Räume ins Freie. In der darüber liegenden Ebene löst sich der Baukörper im Bereich der Hangkante mit einer weiten Auskragung elegant und scheinbar schwerelos vom Gelände. Die beiden Wohneinheiten werden von einem gemeinsamen Zugangsbereich aus erschlossen. Das Erdgeschoss ist als offenes Raumkontinuum angelegt. Die Verglasung der Stirnseiten lässt durchgehende Blickachsen entstehen, die den großzügigen Eindruck verstärken. Schlafräume, Kinderzimmer und Bäder im Obergeschoss werden als Raumspangen durch die beiden Lichthöfe und vier Lichtbänder gegliedert. Dunkler Holzboden, weiße Wände und Einbaumöbel fassen die Räume optisch zu einer Einheit zusammen. Die Bäder sind leicht grau bis weiß gehalten und korrespondieren mit den Materialfarben der Fassade. Reflektierende Oberflächen wie Glas und Keramik reagieren auf unterschiedliche Lichtstimmungen.

Die Gebäudehülle ist als mehrschaliges System konzipiert: Die Abfolge unterschiedlicher Funktionsschichten setzt sich zusammen aus einer Modulsteinwand aus Kalksandstein, einer leistungsfähigen Hartschaumdämmung mit Hinterlüftung sowie einer abschließenden Außenschale aus Keramik-Weißbeton. Die präzise geformte Außenschale bildet die kubische Gestalt des Baukörpers in idealer Weise nach. Feinste Fugen und Kanneluren erzeugen eine „wundervolle Noblesse", die mit Ortbeton in dieser Qualität kaum möglich wäre, wie der Architekt erläutert. Darüber hinaus wird durch die Elementierung der Fassade die Schichtung des Wandaufbaus besonders deutlich, sodass die Konstruktion auch für Laien ablesbar ist.

Die Energieversorgung des Gebäudes erfolgt über regenerative Quellen: Das Haus wird über Erdsonden mit Wärmepumpen beheizt. Auf dem Dach sollen in Zukunft semitransparente Fotovoltaiklamellen und solarthermische Vakuumröhrenkollektoren installiert werden, die der Stromerzeugung, Heizungsunterstützung und Brauchwassererwärmung dienen. Damit ist dieser Bau nicht nur bestens auf Veränderungen im Zusammenleben der Generationen vorbereitet, sondern auch in energetischer Hinsicht optimal für die Zukunft gerüstet. ☐

> GEBÄUDEDATEN
> Grundstücksgröße: 1 092,4 m^2　> Wohnfläche: 567 m^2　> Zusätzliche Nutzfläche: 77 m^2　> Anzahl der Bewohner: 7 plus x (3 Generationen)
> Bauweise: Spannbetondecken, KS-Mauerwerk, Ortbeton und Keramikbeton-Fertigteile　> Baujahr: 2007　> Baukosten pro m^2 Wohn- und Nutzfläche: 1 319 Euro
> Eigenleistung: –　> Baukosten gesamt: 850 000 Euro　> Heizwärmebedarf: 45,68 kWh/m^{2}a　> Primärenergiebedarf: 47,41 kWh/m^{2}a

| 1 | 3 |
| 2 | |

[1] Auf der Gartenseite erstreckt sich der offene Wohnbereich in einen zweigeschossigen Luftraum. Frontal und quer einfallendes Tageslicht taucht das Innere je nach Tages- oder Jahreszeit in wechselnde Stimmungen.

[2] An den Stirnseiten ist der mehrschalige Aufbau der Gebäudehülle mit einer Außenschale aus Keramikbeton deutlich ablesbar. Die Garageneinfahrt ist elegant in den Geländeverlauf integriert.

[3] Über eingezogene Lichthöfe und Glasbänder an den Längsseiten wird das kompakte Gebäude zusätzlich erhellt.

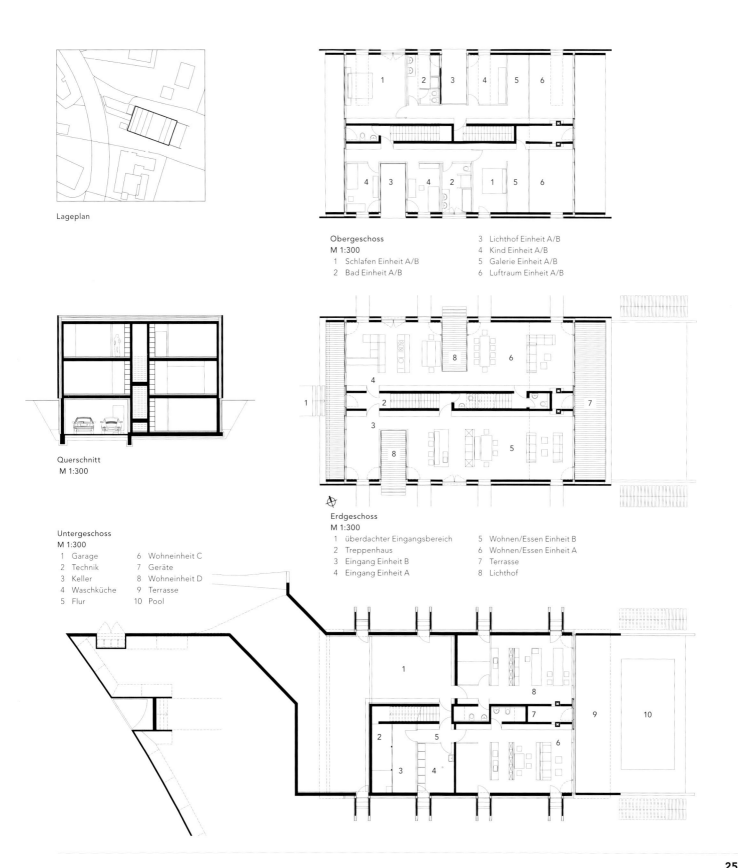

> ARGE Clemens Bonnen und Amanda Schlaich > Einfamilienhaus in Berlin

MIT LEICHTIGKEIT GEBAUT

> Mitten in Berlin, im ehemaligen Botschaftsviertel der DDR, entstand dieses bemerkenswerte Wohnhaus. Neben etlichen neueren Gebäuden befinden sich in seiner unmittelbaren Nachbarschaft auch noch einige der als „Typ Pankow" in den Sechzigerjahren geplanten dreigeschossigen Würfelbauten. Manche dienen nach wie vor als Botschaftsgebäude, andere werden inzwischen zu Wohnzwecken genutzt. In die städtebauliche Struktur des Quartiers fügt sich das Haus ganz selbstverständlich ein: Von der Straße weit zurückgesetzt, teilt es das Grundstück in einen zum öffentlichen Raum hin orientierten einsehbaren Vorplatz und einen privaten sichtgeschützten Garten im rückwärtigen Bereich.

Der quaderförmige Baukörper wird im Osten und Westen von massiven Betonwänden gefasst und entwickelt sich dazwischen als leichter Skelettbau. An den Eingangsbereich auf der Stirnseite schließt sich unmittelbar eine aus zwei geraden Läufen bestehende Treppe an. Sie durchquert das Haus in Längsrichtung und teilt es symmetrisch in zwei Hälften. Der kubisch klaren äußeren Form steht eine differenzierte Gliederung im Innern gegenüber: Während das Erdgeschoss von einem sich großzügig nach Norden und Süden ins Freie öffnenden Wohnraum mit angeschlossener Küche eingenommen wird, sind im ersten Geschoss – wie auf einem Zwischendeck – zwei Kinderzimmer mit Bad untergebracht. Die oberste Etage kann wie ein Loft beliebig unterteilt werden.

Beim Innenausbau wurden die präzise gearbeiteten Sichtbetonoberflächen mit geschliffenem Gussasphaltboden im Erdgeschoss sowie dunklem Parkett in den Obergeschossen kombiniert. Einige weiße Trennwände sowie gelbe Schrankeinbauten sorgen für zusätzliche Farb- und Materialkontraste. Hauptsächlich aber bestimmen die beiden geschossübergreifenden Glasfassaden im Norden und Süden den Raumeindruck und ermöglichen zahlreiche Blickbeziehungen: sei es vom transparenten Wohnbereich aus, der einem das Gefühl gibt, im Freien zu sitzen, sei es von der Küche aus, wo man auch beim Kochen in den Garten schaut, oder sei es von den Obergeschossen aus, wo der Blick über die Baumwipfel hinweg auf den Himmel über Berlin schweifen kann.

Beim Bau des Hauses kam Infra-Leichtbeton zum Einsatz, der eigens für dieses Vorhaben unter Leitung des Bauherrn an der TU Berlin entwickelt wurde. Der Baustoff zeichnet sich durch zwei spezielle Eigenschaften aus: die geringe Wärmeleitfähigkeit einerseits und die für Leichtbeton relativ hohe Druckfestigkeit andererseits. Erreicht wurde dies durch die Zugabe von Blähtonkügelchen sowie weiteren Zuschlagstoffen, unter anderem eines Luftporenbildners. Der für Beton außerordentliche Wärmedämmwert sollte bei der Vorortausführung nicht durch die Verwendung konventioneller wärmeleitender Stahlbewehrung vermindert werden, die zudem korrosionsgefährdet gewesen wäre. Daher bilden Glasfaserstäbe eine Rissebewehrung. Zum Feuchteschutz wurde eine unsichtbare Hydrophobierungsbeschichtung aufgetragen. Auch dazu wurden Versuche an der TU Berlin durchgeführt. Die 50 Zentimeter dicken Außenwände konnten daher ohne zusätzliche wärmedämmende Schichten aus Fasern oder Hartschäumen ausgeführt werden.

Was von außen und innen so aussieht, als sei es die einfachste Sache der Welt, beruht also in Wahrheit auf einer komplexen, vom Bauherrn selbst entwickelten Betontechnologie. „Mit Infra-Leichtbeton ist es möglich, massive Gebäude zu errichten, die ihr Tragwerk unverkleidet zeigen. Der in letzter Zeit wieder viel diskutierte ‚Bauschmuck' als appliziertes Ornament in Reaktion auf die Notwendigkeit einer Fassadenbekleidung ist hier überflüssig. Das tragende Material selbst kann wieder gestaltet werden und verweist damit zurück auf die überlieferte massive Bauweise, deren kräftiger Ausdruck nicht nur vorgeblendet war. Das Wohnhaus in Pankow ist ein Versuch, diese Materialität in einer modernen Form wieder zu erreichen", erläutert der Architekt. □

> GEBÄUDEDATEN
> Grundstücksgröße: 1 500 m² > Wohnfläche: 261 m² > Zusätzliche Nutzfläche: 78 m² (Keller) > Anzahl der Bewohner: 4 > Bauweise: Monolithischer Leichtbetonbau
> Baujahr: 2007 > Baukosten pro m² Wohn- und Nutzfläche: 1 475 Euro > Eigenleistung: – > Baukosten gesamt: 500.000 Euro > Primärenergiebedarf: 60 kWh/m²a (KfW 60 Standard)

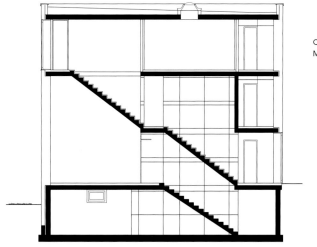

Querschnitt
M 1:200

Lageplan

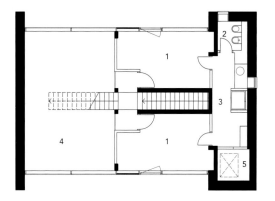

1. Obergeschoss
M 1:200
1 Kind
2 WC
3 Bad
4 Luftraum
5 Aufzug

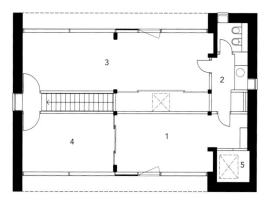

2. Obergeschoss
M 1:200
1 Eltern
2 Bad
3 Büro
4 Arbeiten
5 Aufzug

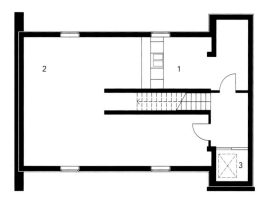

Untergeschoss
M 1:200
1 Technik
2 Keller
3 Aufzug

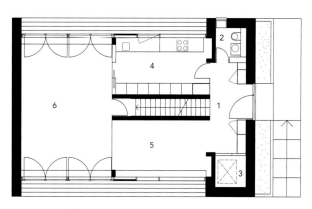

Erdgeschoss
M 1:200
1 Eingang
2 WC
3 Aufzug
4 Kochen
5 Essen
6 Wohnen

[1] Mit geschossübergreifender Metall-Glasfassade präsentiert sich der quaderförmige Baukörper zur Straßenseite im Süden. Ein raumhoher weißer Vorhang bietet Schutz vor Einblicken und unterstreicht mit seinem Faltenwurf die Tiefenwirkung der zurückgesetzten Fensterfront.

[2] Über ein Fensterband hat die Küche im Erdgeschoss Sichtkontakt zum Garten.

[3] Der Luftraum über dem Wohnbereich ermöglicht zahlreiche Blickbeziehungen. Ein feines, flexibles Netz aus Stahlseilen ersetzt Brüstungen und Treppengeländer.

> denzer & poensgen   > Atriumhaus in Trier

IM GOLDENEN SCHNITT

> Auf dem Petrisberg in Trier, umgeben von Weinbergen mit sanft zum Stadtzentrum hin abfallenden Hängen, dem weitläufigen Gelände der Landesgartenschau sowie dem Wissenschaftspark der Universität, ist in den vergangenen Jahren ein attraktives neues Wohngebiet entstanden. Inmitten zahlreicher Ein- und Mehrfamilienhäuser sticht dieser außergewöhnliche Atriumbau sofort ins Auge: ein wohlproportionierter Sichtbeton-Kubus mit scharf umrissenen Kanten und rechtwinklig eingeschnittenen Öffnungen. Nach außen hin bleibt er weitgehend geschlossen und gibt nur wenig von seinem reichen Innenleben preis.

Ein in das Volumen eingezogener Portikus bildet den Übergang vom öffentlichen zum privaten Raum. Man passiert eine breite Tür, an die sich eine lang gestreckte Eingangshalle anschließt. Sie durchschneidet den Baukörper und markiert eine Zäsur zwischen dem Wohn-, Ess- und Kochbereich auf der einen, sowie dem Schlaf- und Gästetrakt auf der anderen Seite. Die einzelnen Funktionsbereiche gruppieren sich um ein zentrales Atrium. Es lässt einen introvertierten, sichtgeschützten Außenbereich entstehen und belichtet die zweigeschossige Wohnhalle, die sich mit breiten Glasschiebetüren auf den Innenhof öffnet. Von hier aus führt eine Außentreppe auf die holzgedeckte Dachterrasse mit Pool, die sich im Obergeschoss an den großzügigen Individualbereich mit den Schlafräumen anschließt. Das massive Gebälk des Dachgartens zeichnet die Konturen des Hauses nach und fasst die sich über zwei Geschosse erstreckende Wohnlandschaft zu einem mächtigen Quader zusammen.

In mehrfacher Hinsicht knüpft dieses Haus an Entwicklungslinien der Geschichte an – insbesondere, da die römische Baukultur in der Stadt Trier auch heute noch allgegenwärtig ist: Zum einen gehört das Atrium zu den typischen Elementen des antiken Wohnhauses. Bei den Römern bildet eine definierte Abfolge von Peristyl und Atrium den architektonischen Rahmen für private und halböffentliche Aktivitäten einer Bürgerfamilie. Die kulturschaffende Kraft der Römer tritt somit auch in ihren privaten Häusern zutage, indem es ihnen gelang, einen verbindlichen Formenkanon für das Wohnen zu entwickeln. Zum anderen knüpft das Haus auf dem Petrisberg unmittelbar an die Bautechnik der Römer an, die als Erfinder des Betons gelten: „Opus caementitium" gehörte zu den wichtigsten Baustoffen der Kaiserzeit. Darüber hinaus lassen sich aber auch Verbindungen zu Le Corbusiers Architektur erkennen, dessen geometrisches Ordnungssystem sich in einer durchdachten Abfolge von Rechtecken im Goldenen Schnitt widerspiegelt. Die Bauten von Denzer und Poensgen scheinen seinen Idealen verpflichtet, wenn die Architekten den Altmeister wie folgt zitieren: „Jeder Wegabschnitt muss beachtet, die Wirkungen der Beziehungen aller Elemente müssen sorgfältig geplant werden. Alle Räume in der Raumfolge brauchen die ihnen adäquaten Mittel, um Reize und Erschütterungen auszulösen."

Für die Konstruktion wählten die Architekten einen zweischaligen Außenwandaufbau: Die beiden jeweils 20 Zentimeter dicken Sichtbetonschalen sind durch eine 10 Zentimeter starke Kerndämmung thermisch voneinander getrennt. So entsteht ein strukturelles Gefüge, das den Sichtbeton innen und außen mit den Anforderungen an den baulichen Wärmeschutz in Einklang bringt. Am Ende einer langen Traditionslinie gelang es den Architekten darüber hinaus, dem Ortbeton eine visuelle Qualität abzuringen, die mit präzisen Oberflächen, scharfkantigen Ecken, dem feinen Netz von Schalungsstößen und dem exakten Raster der Ankerlöcher die geometrische Ordnung mit ihren überzeugenden Proportionen widerspiegelt. ◻

> GEBÄUDEDATEN
> Grundstücksgröße: 964 m²   > Wohnfläche: 326 m²   > Zusätzliche Nutzfläche: 156 m²   > Anzahl der Bewohner: 3
> Bauweise: Zweischalige Ortbetonbauweise mit Kerndämmung   > Baujahr: 2005   > Baukosten pro m² Wohn- und Nutzfläche: 2 746 Euro   > Eigenleistung: –

[1] Große Schiebetüren öffnen sich zum Atrium, das den Wohntrakt belichtet und um einen sichtgeschützten Freiraum erweitert.

[2] Zenitlicht steigert im Treppenhaus die grafische Wirkung des Schalbilds.

[3] Äußerste Konzentration auf die Zubereitung der Speisen und höchste Aufgeräumtheit sind Attribute, die diese puristisch anmutende Küche stets einfordert.

[4] Gezielt platzierte Einschnitte öffnen den Kubus an der Südseite, das massive Gebälk des Dachgartens zeichnet die Konturen des Baukörpers nach.

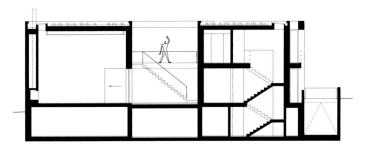

Längsschnitt
M 1:300

Lageplan

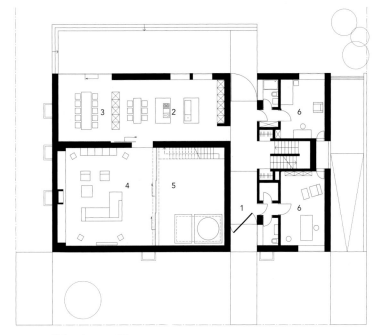

Erdgeschoss
M 1:300
1 Eingang
2 Kochen
3 Essen
4 Wohnen
5 Atrium
6 Apartment

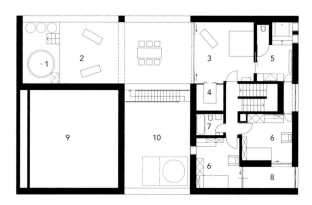

Obergeschoss
M 1:300
1 Pool
2 Terrasse
3 Eltern
4 Ankleide
5 Elternbad
6 Zimmer
7 Bad
8 Loggia
9 Luftraum
10 Atrium

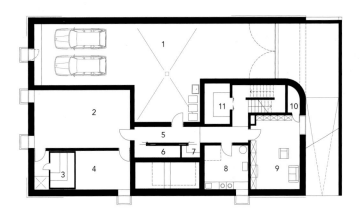

Untergeschoss
M 1:300
1 Garage
2 Fitness
3 Sauna
4 Lager
5 Flur
6 Lager
7 Weinlager
8 Hauswirtschaft/Technik
9 Nebenraum
10 Lager
11 Kleiderraum

[1] Vom Innenhof führt eine außen liegende Treppe zur holzgedeckten Dachterrasse. Sie umrahmt den Ausblick in die Landschaft und findet in einem Pool ihren krönenden Abschluss.

[2] Schlichte Formen, wohltuende Materialkontraste und eine raffinierte Lichtführung machen aus dem Bad eine Oase der Ruhe.

> ap88 Architekten > Einfamilienhaus in Heidelberg

AUS EINEM GUSS

> In einem schmalen engen Tal in Heidelberg mit der Flurbezeichnung „Kühler Grund" entstand dieses außergewöhnliche Wohnhaus. Es liegt in reizvoller Umgebung am Übergang der Ausläufer des Odenwalds in die Rheinebene. Der kompakte Bau präsentiert sich vor dem Hintergrund einer Waldkulisse und trägt seine unverputzten Oberflächen ganz selbstbewusst zur Schau: Der Beton wurde im Rohzustand – so, wie aus der Schalung gelöst – belassen und zeigt deutliche Spuren des Herstellungsprozesses. Eine durch mehrfachen Gebrauch bereits abgenutzte Metallschalung war dem Architekten gerade recht, um den Oberflächen jeden Anflug von Perfektion zu nehmen. Das unregelmäßige Liniennetz, das die Anordnung der Schaltafeln ablesbar macht, belebt den monolithisch gegossenen Baukörper. „Eine Artifizierung der Betonoberflächen als Sichtbeton wurde nicht angestrebt", hält der Architekt ausdrücklich fest. Im Gegenteil: Lunker, Kiesnester, Auswaschungen, Wolken, Schalstöße und Ausbruchstellen des gegossenen Betons waren hier als Gestaltungselemente durchaus willkommen. Le Corbusier hat einmal gesagt, dass ihn die Haut eines „béton brut" an die Unregelmäßigkeit und Lebendigkeit des Fells einer Bergziege erinnere. Etwas von dieser Rauigkeit und Rohheit findet sich auch in der Qualität dieser Betonarchitektur wieder.

Im Innern entwickeln sich die Räume um ein zentrales Treppenhaus herum: Vom Eingang im Hanggeschoss gelangt man eine Ebene höher steigend direkt in die offene Essküche. Sie ist Durchgangs- und Aufenthaltsraum zugleich und bildet das kommunikative Zentrum des Hauses, an das sich linker Hand der 5,50 Meter hohe Wohnbereich anschließt. Von hier aus führt eine Treppe weiter zu den Schlafzimmern im Dachgeschoss. Die polygonalen Räume werden übereck erschlossen, die Fenster befinden sich meist in den gegenüberliegenden Raumecken, sodass diagonale Sichtachsen entstehen, die den Blick immer wieder gezielt ins Freie und auf die üppige Naturlandschaft ringsum lenken.

Die robuste Materialisierung bestimmt auch den Innenraumeindruck: Wände, Decken, Treppen und das geneigte Dach sind aus schalungsroh belassenem Beton. Geglätteter Estrichboden und massive Eichendielen, die in den Wohn- und Privaträumen verlegt wurden, bilden zusammen mit den maßgefertigten Einbauten aus MDF-Holzplatten einen wohltuenden Kontrast zu den zementgebundenen Oberflächen. Die handwerkliche Ausführung bleibt überall sinnlich erlebbar: Damit steht das Haus auch in leiser Opposition zu einem weit verbreiteten ästhetischen Leitbild, das mit perfekten Oberflächen jede Möglichkeit einer aktiven Gestaltung von vornherein ausschließt. Der Entwurfsgedanke, ein Familienhaus auf einfachste und nachhaltige Weise zu errichten, setzt sich ebenso konsequent in der Freiraumgestaltung fort: Durch ortstypische Bepflanzung mit Sträuchern und Bäumen gelingt ein selbstverständlicher Übergang zum Waldrand. „Die Natur soll sich das Grundstück zurückerobern", erläutert der Architekt.

Wie kann ein Haus, das so einfach gebaut ist, die bauphysikalischen Anforderungen – insbesondere an den baulichen Wärmeschutz, wie er in der Energieeinsparverordnung (EnEV) für alle Neubauten vorgeschrieben ist – erfüllen? Die Antwort liegt in der besonderen Qualität des Betons, der als extremer Leichtbeton ausgeführt wurde, wobei sämtliche Außenbauteile eine Dicke von 50 Zentimetern aufweisen. Alle Innenwände und -decken hingegen wurden aus Normalbeton gegossen. Bereits unter Verwendung traditioneller Leichtbetone lassen sich die Rohdichten reduzieren. Mit Liapor-Blähton-Sorten und dem Einsatz neuartiger Fließmittel und Stabilisatoren gelang es bei diesem Haus, die Rohdichte noch weiter abzusenken und einen Leichtbeton herzustellen, der die Forderungen der EnEV ohne zusätzliche Dämm-Maßnahmen erfüllt. Das energetische Gesamtkonzept wird durch die Versorgung mit Warmwasser und Heizwärme aus oberflächennaher Geothermie komplettiert. ◻

> GEBÄUDEDATEN
> Grundstücksgröße: 759 m² > Wohnfläche: 201 m² > Zusätzliche Nutzfläche: 47 m² > Anzahl der Bewohner: 3 > Bauweise: Leichtbeton in Ortbetonbauweise (985 kg/m³)
> Baujahr: 2006 > Baukosten pro m² Wohn- und Nutzfläche: 1 734 Euro > Eigenleistung: Planungsleistung, Architektenhonorar > Baukosten gesamt: 430 000 Euro
> Heizwärmebedarf: 109,02 kWh/m²a > Primärenergiebedarf: 106,3 kWh/m²a

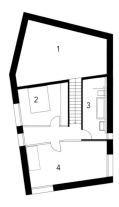

Obergeschoss
M 1:300
1 Luftraum
2 Schlafen
3 Bad
4 Zimmer

Lageplan

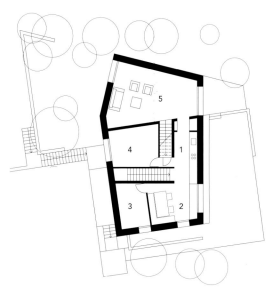

Erdgeschoss
M 1:300
1 Kochen
2 Essen
3 Lager
4 Zimmer
5 Wohnen

| 1 | 3 |
| 2 | 4 |

[1] Mit überzeugender Einfachheit fügt sich der monolithische Betonbau in die umgebende Natur. 50 Zentimeter dicke Außenmauern mit zurückgesetzten Öffnungen verleihen ihm seine Plastizität.

[2] Im Wohnraum lassen geölte Eichenholzdielen und wenige, ausgesuchte Einrichtungsgegenstände das Betongehäuse behaglich wirken.

[3] Die Eingangstür aus massivem Eichenholz erschließt den offenen Treppenraum im Untergeschoss.

[4] An den Betonwänden sind die Spuren des Herstellungsprozesses deutlich ablesbar und verleihen den Oberflächen eine faszinierende Lebendigkeit.

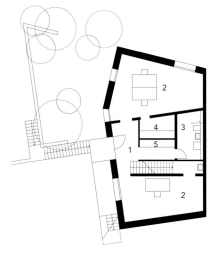

Untergeschoss
M 1:300
1 Eingang
2 Arbeiten
3 Bad
4 Archiv
5 Teeküche

Querschnitt
M 1:300

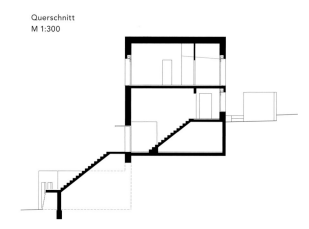

> Lietzow Architekten > Wohnhaus mit Büro in Rheinfelden

DEM RHEIN ZUGEWANDT

> Eine lockere Kette denkmalgeschützter Wohnbauten mit Mansarddächern begleitet das Flussufer auf der deutschen Seite von Rheinfelden. Mit einem handtuchschmalen Grundstück tat sich dazwischen eine Lücke auf, die dem Architekten gerade ausreichend schien für den Neubau eines Wohn- und Bürohauses. Respektvoll zu den Nachbarn Abstand haltend entwickelt sich der röhrenförmige Baukörper in die Tiefe des Grundstücks hinein und verbreitert sich auf der rückwärtigen, zum Rhein hin orientierten Seite. In Höhe und Ausdehnung bleibt das Haus hinter den Bestandsbauten zurück, behauptet sich jedoch selbstbewusst durch seine klare und moderne Architektursprache. Mit sparsam gesetzten Fenstern reagiert es im Bereich des Bauwichs auf seine historischen Nachbarn, während es sich auf der Gartenseite ganz ins Grüne, zum Wasser und zur schönen Aussicht hin öffnet.

Das Raumprogramm entwickelt sich auf drei Ebenen: über einem Untergeschoss mit Garage, Technik und Büro liegt das Wohngeschoss, in der obersten Etage sind Schlafräume und Bäder untergebracht. Brüstungen in Signalrot umfassen eine flache Rampe, die als expressives Element vom Straßenraum zu einem überdachten Eingangspodest führt, das sich seitlich aus dem Baukörper herausschiebt. Von hier aus gelangt man in die Wohnebene, die als fließendes Raumkontinuum angelegt ist und auch die Treppe mit einbezieht. Küche und Essplatz gehen offen ineinander über. Den Abschluss bildet der eigentliche Wohnraum auf der Gartenseite, der um einige Stufen unter das Niveau der Eingangsebene abgesenkt ist. Die großzügige Wirkung wird durch die unerwartete Verbreiterung des Gebäudes an dieser Stelle und den damit einhergehenden Richtungswechsel noch gesteigert. Großformatige Glasfronten mit Schiebetüren öffnen sich auf die vorgelagerte Terrasse und beziehen den grünen Saum des nahen Flussufers unmittelbar in das Wohnerlebnis mit ein.

Bei den privaten Räumen im Obergeschoss ist der Baukörper wieder auf seine ursprüngliche Breite beschränkt, wobei ein großes Schlafzimmer mit Loggia zum Fluss und zwei Gästezimmer zur Straße hin orientiert sind. Dazwischen liegen Nassräume und ein Ankleidebereich. Ein langes Bücherregal lässt den Treppenraum zur Bibliothek werden. Auch das Büro im Untergeschoss profitiert von der Aussicht auf den Rhein und besitzt eine eigene Terrasse am Wasser.

Die gesamte Tragkonstruktion des Hauses besteht aus Stahlbeton und ist überwiegend als Sichtbeton mit festgelegtem Schalbild ausgeführt. Bautechnisch interessant ist die Kombination von Sichtbetonoberflächen an tragenden Außenwänden mit thermisch entkoppelten Stahlbetondecken, die mittels spezieller „elastischer Isokörbe" nur punktuelle Verbindungen zu den Außenwänden herstellen. So kommen die Decken der Speicherkapazität des Gebäudes zugute, während die Innendämmung der Außenwände am Auflager der Decken nur unwesentlich unterbrochen wird. Die Oberflächen des standardgrauen Ortbetons, der als Fließbeton verarbeitet wurde, erhielten eine schützende wasserabweisende Beschichtung. „Der Beton wird dort eingesetzt, wo Leistungsfähigkeit und Schlichtheit benötigt werden", erläutert der Architekt. Er schätzt das Baumaterial nicht nur wegen seiner Dauerhaftigkeit und Beständigkeit – es bietet ihm auch die Möglichkeit, die Konstruktion ohne zusätzliche Verblendung oder doppelten Boden ehrlich und offen zu zeigen.

Die Beheizung des Gebäudes erfolgt über eine Erdwärmepumpe. Vier jeweils 125 Meter tiefe Erdbohrungen liefern die hierfür notwendige Energie. Zur Verringerung der Wärmeverluste im Bereich der Hüllflächen wurde eine kontrollierte Wohnraumlüftung eingebaut. □

> GEBÄUDEDATEN
> Grundstücksgröße: 941 m² > Wohnfläche: 248 m² > Zusätzliche Nutzfläche: 151 m² (davon 85 m² Büro) > Anzahl der Bewohner: 2 > Bauweise: Stahlbeton, tragende Außenwände in Sichtbeton > Baujahr: 2007 > Baukosten pro m² Wohn- und Nutzfläche: 2 000 Euro > Eigenleistung: Planungsleistung (Architektenhonorar) > Baukosten gesamt: 800 000 Euro > Heizwärmebedarf: 33,29 kWh/m²a > Primärenergiebedarf: 34,36 kWh/m²a

| 1 | 3 |
| 2 | 4 |

[1] Signalwirkung hat die rote Rampe, über die man auf das überdachte Eingangspodest gelangt.

[2] Eine massive Betontreppe führt vom offenen Wohnbereich in die obere Etage.

[3] Zum Rheinufer hin verbreitert sich das Gebäude mit einem quer gestellten, dreiseitig verglasten Wohnraum.

[4] Eine lange Blickachse verbindet den tiefer liegenden Wohnbereich mit dem rückwärtigen Teil des Hauses und lässt eine großzügige Raumfolge entstehen.

Lageplan

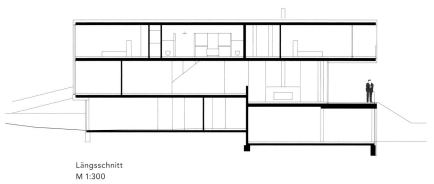

Längsschnitt
M 1:300

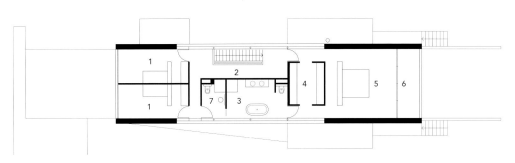

Obergeschoss
M 1:300
1 Zimmer
2 Flur
3 Bad
4 Ankleide
5 Schlafen
6 Loggia
7 WC

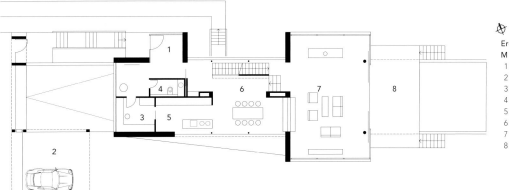

Erdgeschoss
M 1:300
1 Eingang
2 Carport
3 Hauswirtschaft
4 WC
5 Kochen
6 Essen
7 Wohnen
8 Terrasse

Untergeschoss
M 1:300
1 Garage
2 Flur
3 Technik
4 Teeküche
5 Abstellraum
6 Archiv
7 Büro
8 Terrasse
9 WC

gk Gössel + Kluge > Einfamilienhaus in St. Johann

FALTWERK MIT WOHNKOMFORT

> Am Fuß der Schwäbischen Alb reiht sich dieses Haus in eine Ortsrandbebauung, deren heterogenes Erscheinungsbild von unterschiedlich ausgerichteten Satteldächern geprägt wird. Das Hanggrundstück mit Aussicht nach Süden und Westen bot der fünfköpfigen Bauherrenfamilie beste Voraussetzungen, ihre individuellen Wohnwünsche zu realisieren. Als Baukörper mit einem expressiven Satteldach nimmt das Haus einerseits die Formensprache seiner Umgebung auf, setzt andererseits einen deutlichen neuen Akzent. Das Prinzip der skulpturalen Faltung ist dabei nicht nur auf den Dachstuhl beschränkt, sondern betrifft auch die Geschossebenen, die ihrerseits als gefaltete Flächen ausgebildet sind: Auf insgesamt sechs, jeweils auf unterschiedlichen Niveaus angeordneten Ebenen ist das Familienleben organisiert.

Hangseitig mit Carport, Garage und vorgelagerter Terrasse an die Straße angrenzend, folgt das Erdgeschoss dem natürlichen Geländeverlauf. In seinem rückwärtigen Teil nimmt es Technik- und Lagerräume auf, während der vordere, nach Südwesten hin orientierte Trakt mit Küche, Essplatz und Hobbyraum an den Freisitz anschließt. Zum Eingangsbereich im Obergeschoss gelangt man sowohl über eine interne Treppe als auch über eine Freitreppe auf der Nordseite. Hier wird das Konzept der versetzt angeordneten Ebenen für die Trennung von Wohn- und Elternschlafbereich genutzt. Beide Niveaus sind über eine südorientierte Terrasse miteinander verbunden. Lichtdurchflutet und überglast führt der Treppenraum in das Dachgeschoss, das drei separate Kinderzimmer aufnimmt. Wiederum in der Höhe versetzt, verbindet eine Spielgalerie mit angeschlossener Dachterrasse die Kinderzimmer untereinander.

Die tragende Struktur des Hauses wurde aus großformatigen, vorfabrizierten Elementen erstellt: Wenige Wandscheiben und die Deckenelemente wurden als Halbfertigteile aus Stahlbeton auf der Baustelle gefügt. Schlanke Stahlstützen ergänzen die Tragkonstruktion aus flächenförmigen Elementen und ermöglichen die Ausbildung raumhoher Verglasungen nach Westen und Süden. Anstelle eines Kniestocks bildet eine auskragende Rahmenecke als expressive Traufe das Auflager für einen leichten hölzernen Dachstuhl.

Die Faltung der raumbegrenzenden Flächen bestimmt als tragender Entwurfsgedanke nicht nur die funktionale Gliederung der Grundrisse, sondern auch die konsequente Orientierung des Gebäudes zur Sonne. Großformatige Faserzementplatten bekleiden die geschlossenen Teile der Fassade, während teilweise geschosshoch ausgebildete Glasfronten die Wohnräume zur Aussicht hin öffnen und erhebliche solare Wärmegewinne ermöglichen. Ein außenliegender Sonnenschutz dient dabei der Steuerung des Licht- und Energieeinfalls. Komplementär zu den transparenten Fassadenteilen, die sich konsequent am Sonnenlauf orientieren, wurden die geschlossenen Teile der Gebäudehülle als hoch wärmegedämmte Flächen ausgebildet: Sie ergänzen das energetische Konzept, das unter geschickter Ausnutzung der natürlichen Gegebenheiten ein behagliches Raumklima schafft. Ebenso gut durchdacht ist auch das Lüftungsprinzip, bei dem die Sichtbetonoberflächen eine wichtige Rolle für die thermische Konditionierung des Gebäudes spielen. Exponierte Speichermassen und der offene Treppenraum als vertikal durchgängiges Element setzen im Zusammenwirken mit öffenbaren Fenstern und Oberlichtern einen natürlichen Kamineffekt in Gang. Die Fußbodenheizung als Niedertemperatur-Strahlungsheizung und ein holzbefeuerter Kaminofen liefern bedarfsweise die restliche Heizenergie. ◻

> GEBÄUDEDATEN
> Grundstücksgröße: 518 m²   > Wohnfläche: 229,43 m²   > Zusätzliche Nutzfläche: 42,33 m²   > Anzahl der Bewohner: 5   > Bauweise: Ortbeton und Stahlbetonfertigteile
> Baujahr: 2007   > Baukosten pro m² Wohn- und Nutzfläche: 1 405,65 Euro   > Eigenleistung: ca. 20 000 Euro   > Baukosten gesamt: 382 000 Euro
> Heizwärmebedarf: 69,68 kWh/m²a   > Primärenergiebedarf: 105,73 kWh/m²a

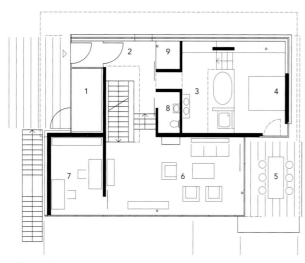

Obergeschoss
M 1:200
1 Holzlager
2 Eingang/Flur
3 Bad
4 Eltern
5 Terrasse
6 Wohnen
7 Arbeiten
8 WC
9 Abstellraum

Lageplan

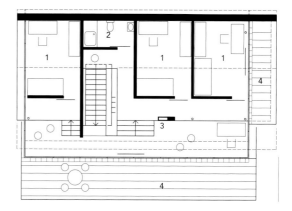

Dachgeschoss
M 1:200
1 Kind
2 WC
3 Spielgalerie
4 Balkon

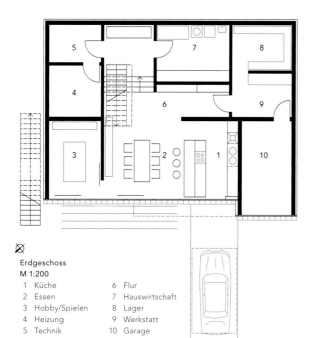

Erdgeschoss
M 1:200
1 Küche
2 Essen
3 Hobby/Spielen
4 Heizung
5 Technik
6 Flur
7 Hauswirtschaft
8 Lager
9 Werkstatt
10 Garage

Querschnitt
M 1:200

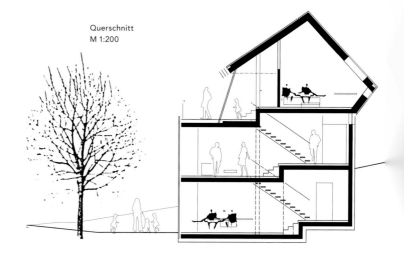

| 1 | 3 |
| 2 | |

[1] Das expressiv geformte Satteldach trägt zusammen mit den großformatigen Fassadenplatten aus Faserzement zur prägnanten Erscheinung des Baukörpers bei. Nach Süden öffnet sich das Haus mit einer geneigten Glasfassade über seine gesamte Länge zu einer vorgelagerten Terrasse.

[2] Schlanke Stahlstützen ermöglichen in Kombination mit tragenden Wandscheiben aus Stahlbeton die großflächige Öffnung des Baukörpers zur Landschaft – sogar übereck.

[3] Licht- und luftdurchlässig wirken die Räume unter dem scharfkantig gefalteten Dach.

> unit a architekten > Wohnhaus und Atelier in Backnang

HAUS MIT RÜCKGRAT

> Das Haus liegt am Ortsrand von Backnang auf einer flachen Hangkuppe in einem dicht besiedelten Wohngebiet. Aus dem Kontext der umgebenden Bebauung tritt es deutlich hervor und besticht durch die schlichte Eleganz seiner klaren Form. Wie jedes Gebäude, das neu entsteht, stellt auch dieses hier das Ergebnis eines konstruktiven Dialogs zwischen Bauherrn und Architekt dar – wenngleich sich beide Parteien zunächst einmal auf eine gemeinsame Sprache einigen mussten: Der Auftraggeber, ein Geistes- und Sozialwissenschaftler, hatte im Vorfeld der Planung umfangreiche Recherchen betrieben, Bücher gewälzt und sich intensiv mit Architekturtheorie und -geschichte auseinandergesetzt. Als ihm die Architekten die Konzeption seines neuen Domizils dann aber kurz und knapp als eine „Schuhschachtel mit Boden, vier Wänden und einem Deckel darauf" beschrieben, sei das ganze aufgeblähte Wissen wie ein angestochener Luftballon in sich zusammengeschnurrt. Nach dem ersten Schock, so der Bauherr, sei ihm jedoch klar geworden, dass er sich in dieser Gedankenwelt gut aufgehoben fühlen konnte: Unaufgeregt, einfach und klar – diese Adjektive sollten nicht nur die Eigenschaften seines zukünftigen Hauses beschreiben, sondern auch für die gute Zusammenarbeit mit den Architekten stehen.

Dem längsrechteckigen Baukörper, der sich in einen Wohn- und einen Atelierbereich aufteilt, ist auf der Zufahrtsseite im Westen ein überdachter Stellplatz vorgelagert. Die Geschossfläche des Hauses wird zu einem Drittel von Büroräumen, zu zwei Dritteln von einer Wohnung mit offenem Grundriss eingenommen. Beide Einheiten funktionieren unabhängig voneinander und können separat genutzt werden: das Büro der Werbeagentur lässt sich durch Schiebewände vom Wohnraum trennen. Das Grundrisskonzept überträgt ein im Industriebau gängiges Organisationsprinzip – von der Hülle abgerückte Kernbereiche dienen der Unterbringung von Nebenräumen – auf das frei stehende Einfamilienhaus. Nach Norden ist die Fassade überwiegend geschlossen und mit Metallkassetten bekleidet, während sie sich nach Süden mit einer großen Glasfront zum Garten hin öffnet. Einen spannungsvollen Kontrast zur Offenheit und Feingliedrigkeit der Südfassade bilden die massiven, doppelgeschossigen Sichtbetonwände im Innern.

Der funktionalen Gliederung – ein Drittel Büro, zwei Drittel Wohnung – entspricht auch der strukturelle Aufbau: Eine E-förmige, über zwei Geschosse reichende 5,60 Meter hohe Sichtbetonwand an der Nordseite bildet das statisch wirksame Rückgrat des Hauses. Auf dieses aussteifende Element stützt sich eine filigrane Skelettkonstruktion, bei der vier Stahlträger auf Stahlstützen ein dreifeldriges Stahlbetondach tragen. Der Beton ist sichtbar belassen, die Schalhaut ist glatt, scharfkantig und an den Stößen dicht ausgeführt.

Trotz des hohen Glasanteils der Gebäudehülle bleibt die Temperatur im Innenraum auch im Sommer angenehm kühl. Dies ist neben dem wirksamen Sonnenschutz auch auf die hohe Speicherkapazität der massiven doppelgeschossigen Stahlbetonwand zurückzuführen, die den Luftbewegungen im Raum direkt zugänglich ist. Die Orientierung der Glasfront nach Süden ermöglicht beträchtliche Energiegewinne bei Sonnenschein, die gut gedämmte Stahlbetonwand im Norden reduziert effektiv Energieverluste bei Nacht. Um dem Überangebot solarer Energieeinstrahlung entgegenzuwirken, ist vor den Glasfronten eine Sonnenschutzkonstruktion mit Lamellenraffstore als zweite Fassadenschicht ausgebildet, die einem temporär wirksamen Licht- und Wärmeschutz bildet und an speziell gestalteten „Spinnen" aufgehängt ist.

Mit dem Ergebnis ihrer erfolgreichen Kooperation sind beide Seiten sehr zufrieden: „Dieses Haus ist kein Haus aus Kork und Jute, trotzdem ermöglicht es ein Leben mit und fast auch in der Natur", stellen die Architekten fest. Auf die Frage, wie es sich denn in einer Schuhschachtel lebe, antwortet der Bauherr kurz und knapp mit: „Gut!" ◻

> GEBÄUDEDATEN
> Grundstücksgröße: 800 m² > Wohnfläche: 255 m² > Zusätzliche Nutzfläche: 165 m² > Anzahl der Bewohner: 2 + Büro > Bauweise: Ortbeton und Stahlskelettbauweise
> Baujahr: 2004 > Baukosten pro m² Wohn- und Nutzfläche: 2 050 Euro > Eigenleistung: – > Baukosten gesamt: 835 000 Euro > Heizwärmebedarf: 48 kWh/m²a
> Primärenergiebedarf: 86 kWh/m²a

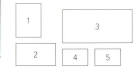

[1] In Kontrast zum hellen Sichtbeton wählten die Architekten schwarzen Schiefer als Bodenbelag sowie weiße Metallpaneele für die Einbauten.

[2] Eine elegante Stahltreppe führt hinauf zu den Privaträumen.

[3] Mit so genannten Spinnen – Abstandhaltern aus Stahl – ist die Sonnenschutzkonstruktion vor den durchgehenden Glasfronten angebracht.

[4] Offenheit und Transparenz bestimmen den Raumeindruck im Wohnbereich mit angegliederter Küche.

[5] Die zweigeschossige Glaswand ermöglicht es, maximal vom Ausblick in die umgebende Landschaft zu profitieren.

Längsschnitt
M 1:300

Lageplan

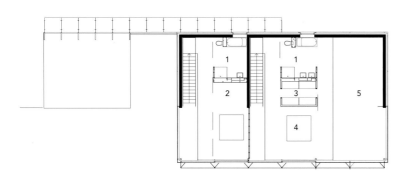

Obergeschoss
M 1:300
1 Bad
2 Gast/Büro
3 Ankleide
4 Schlafen
5 Luftraum

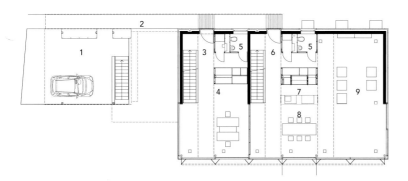

Erdgeschoss
M 1:300
1 Carport
2 Zugang
3 Eingang Büro
4 Büro
5 WC
6 Eingang Wohnung
7 Kochen
8 Essen
9 Wohnen

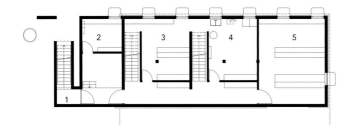

Untergeschoss
M 1:300
1 Außeneingang
2 Technik
3 Archiv
4 Hauswirtschaft
5 Lager

[1] Blick in den Wohnraum: Die Klarheit und Einfachheit der Form ist hier nicht zufällig, sondern das Ergebnis eines intensiven Entwurfsprozesses, in dem es darauf ankommt, sich auf Wesentliches zu konzentrieren und Überflüssiges wegzulassen.

> Architekten HBH   > Einfamilienhaus in Landshut

ARCHITEKTUR MIT DRESSCODE

> Das niederbayerische Landshut, etwa 70 Kilometer nordöstlich von München gelegen, hat nicht nur den höchsten gemauerten Kirchturm der Welt vorzuweisen, sondern auch reizvolle Wohnlagen, eingebettet in tertiäres Hügelland, das im Stadtgebiet vom Flussbett der Isar durchschnitten wird. An einem dieser Hänge entstand das Wohnhaus für eine junge Familie. Es schiebt sich weit in das steil nach Südwesten abfallende Gelände hinein, sodass es zur Straße eingeschossig und weitgehend geschlossen in Erscheinung tritt, während es sich auf der Gartenseite zweigeschossig und vollverglast zu Sonne und Landschaftspanorama hin öffnet. Auffällig ist der lang gestreckte Baukörper, dessen liegendes Format auf der Aussichtsseite durch einen vorgehängten Stahlbeton-Fassadenrahmen wirkungsvoll betont wird.

Überraschend offen präsentiert sich das Haus in Innern: Bereits beim Betreten wird der Blick wie magisch von der Aussicht auf das Isartal angezogen, die durch eine fast sprossenlose Glaswand im Breitbandformat zum Teil des Wohnerlebnisses wird. Noch dazu lässt sich die Glasfront über Schiebeelemente weiträumig öffnen, sodass der anschließende schmale Balkon zu einer Übergangszone zwischen innen und außen wird und der Wohnraum selbst Freiluftqualitäten gewinnt. In seinem rückwärtigen Bereich umschließt der U-förmig angelegte Großraum den offenen Treppenabgang ins Untergeschoss und wird durch Oberlichter zusätzlich erhellt.

Die Küche ist das eigentliche Highlight in diesem Bereich: Um eine frei stehende Kochinsel gruppieren sich Küchenschränke und Einbauten, deren Ausstattung – mit einem großen Kühlschrank in der Mitte, Apothekerauszügen für Vorräte, Jalousieschränken für Kleingeräte sowie flankierenden Arbeitszeilen – nichts zu wünschen übrig lässt. Die Kochinsel selbst, die über Induktionsherd, Großbackofen sowie eine Extra-Wasserstelle verfügt, ist von allen Seiten aus zugänglich und wird zu einem kommunikativen Zentrum, in dem man auch mit Freunden gerne kocht. Ess- und Wohnbereich, ein gemütlicher Sitzplatz am Kamin sowie eine Bibliothek schließen sich in offener Folge entlang der Glasfassade an.

Im Gartengeschoss setzt sich die lineare Abfolge einzelner Funktionsbereiche fort – diesmal sind sie jedoch als voneinander abgetrennte Räume ausgebildet und haben jeweils einen ebenerdigen Ausgang ins Freie. Ein Wellnessbad mit anschließender Freiterrasse bietet beste Voraussetzungen für Erholung und Entspannung. Die weißen Wände bilden einen reizvollen Kontrast zu den nachtblauen Oberflächen der Einbauten und tragen zusammen mit den Naturtönen der Hölzer, Fliesen und Steine, die als Boden- und Wandbeläge zum Einsatz kamen, zum harmonischen Gesamteindruck bei. „Was sieht immer elegant aus und wird nie langweilig?", hatte sich die Bauherrin gefragt. In einer aus der Mode entlehnten Antwort fand sie selbst die Lösung für das bestechend einfache Farbkonzept: Ein tiefblauer Anzug und ein weißes Hemd auf gebräunter Haut machen sich immer gut – dies wurde hier als „Dresscode" mit Erfolg auf die Innenarchitektur übertragen.

Die Tragkonstruktion aus Stahlbeton, die im Bereich der vollverglasten Fassaden durch einige wenige schlanke Stahlstützen ergänzt wird, bildet den strukturellen Rahmen für das durchdachte Raumprogramm, dessen Luxus darin besteht, den wahren Genuss aus dem scheinbar Alltäglichen zu schöpfen. „Unser Lieblingsitaliener hat sich schon beschwert, dass wir gar nicht mehr kommen, seit wir hier wohnen", erzählt der Bauherr lachend. Kein Wunder: Ihr Lieblingsessen, die Pizza, können die Bauherren inzwischen auf Profiniveau im Steinofen selber machen. Ihre Freunde behaupten, diese Pizza sei die beste nördlich von Mailand. ◻

> GEBÄUDEDATEN
> Grundstücksgröße: 954 m²   > Wohnfläche: 315 m²   > Zusätzliche Nutzfläche: 65 m²   > Anzahl der Bewohner: 2   > Bauweise: Ortbeton mit Vollwärmeschutz
> Baujahr: 2006   > Baukosten pro m² Wohn- und Nutzfläche: ca. 1 710 Euro   > Eigenleistung: –

[1] Vollverglast öffnet sich die Südwestseite zum Garten und zur Aussicht. Ein vorgehängter Stahlbetonrahmen unterstreicht das liegende Format des quaderförmigen Baukörpers und schafft einen mehrschichtigen Übergang zwischen innen und außen.

[2] Als „Highlight" des Hauses zeigt sich die Küche mit blauschwarz lackierten Schrankelementen und Edelstahlformen. Der Dunstabzug ist in den zentralen Küchenblock integriert, der von einem Oberlicht direkt beleuchtet wird.

[3] Blick in das großzügige Wellness-Bad im Sockelgeschoss: Die Mitte des Raums wird von einem in Stein gefassten Becken eingenommen.

[4] In einem kontrastreichen Spiel von Hell und Dunkel verknüpft der offene Treppenlauf die beiden Wohnebenen.

Lageplan

Querschnitt
M 1:300

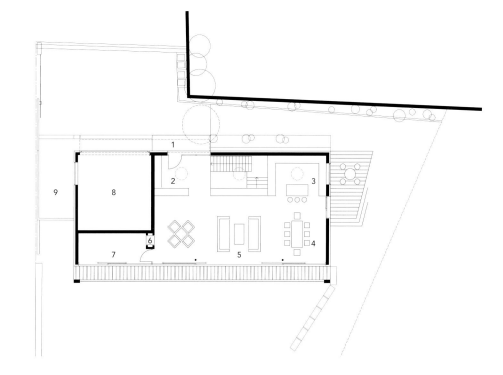

Erdgeschoss
M 1:300
1 Eingang
2 Garderobe
3 Kochen
4 Essen
5 Wohnen
6 Kamin
7 Bibliothek
8 Garage
9 Parken

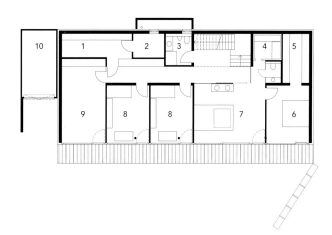

Untergeschoss
M 1:300
1 Lager
2 Technik
3 Kinderbad
4 Sauna
5 Ankleide
6 Schlafen
7 Wellness-Bad
8 Kind
9 Hauswirtschaft
10 Gartengeräte

> trint+kreuder d.n.a. > Einfamilienhaus in Odenthal-Voiswinkel

ABSOLUT EINFACH – EINFACH ABSOLUT

> ... so lautet nicht nur die Devise für dieses Haus, sondern auch das programmatische Credo der Architekten. Das Grundstück, auf dem die Bauherren – junge Freiberufler, die gerade erst eine Familie gegründet hatten – ihr neues Domizil errichteten, liegt in nur 14 Kilometer Luftlinie vom Kölner Dom entfernt am Rand eines Naturschutzgebiets. Die Auftraggeber träumten vom Leben in einem Loft, in dem sie ohne das beengende Gefühl kleiner Räume der umgebenden Natur ständig nahe sein könnten. Zu den Besonderheiten des Grundstücks – ein von Süden erschlossener Nordhang, der aufgrund seiner Lage am Naturschutzgebiet zu zwei Dritteln unbebaubar ist – kamen weitere Einschränkungen hinzu: Der Bebauungsplan schrieb ein Satteldach vor. Darüber hinaus war der finanzielle Spielraum der Bauherren eng begrenzt.

Mit zwei getrennten Baukörpern reagiert der Entwurf auf die schwierige Grundstückssituation: den schmalen, zur Straße hin orientierten Teil im Süden nimmt ein doppelgeschossiger Trakt mit Garage und darunter liegendem Lager- und Technikraum ein, während das Wohnhaus hangabwärts bis an die Grenze des Naturschutzgebiets heranrückt. Zwischen beiden Baukörpern entsteht ein geschützter Hof als gemeinsamer Zugangsbereich. Das strukturelle Prinzip des Wohnhauses entspricht voll und ganz dem Leitsatz der Architekten und ist denkbar einfach: eine fugenlose Betonkiste mit raumhohen, stirnseitigen Öffnungen, deren Orientierung von einem zum nächsten Geschoss in einem Winkel von 90 Grad wechselt. Anders ausgedrückt: Konstruktion und Grundriss sind identisch, die Lasten werden in den Ecken abgetragen. Drei auf diese Weise übereinander gestapelte Geschosse, im Dach aufgeklappt und himmelwärts geöffnet, beinhalten loftartige Räume und werden durch eingebaute Kernzonen funktional strukturiert: Jede Ebene besteht nur aus Decke und Boden sowie zwei Wänden aus Beton. An den Sichtbetonoberflächen sind die Spuren des Herstellungsprozesses ablesbar. Lediglich die Außenwände und das Dach zeigen einen mehrschichtigen Aufbau mit Außendämmung und Abdichtung: Beschieferte Bitumenbahnen bilden als graue, fugenlose Felder komplementäre Flächen zu den Glasfassaden.

Die Tatsache, dass das Haus nur eine geringe Anzahl an Details aufweist, war der Schlüssel zu einer preiswerten Realisierung. Am Bauplatz selbst wurden nur fünf Gewerke tätig. Neben der Rohbaufirma waren dies der Fenster- und Metallbauer, der Dachdecker, der Installateur und der Tischler. Der weitere Ausbau soll schrittweise erfolgen: Geplant ist unter anderem ein fünf Meter langes Aquarium in der Westwand des Wohnraums, später dann die Unterteilung in einzelne Zimmer für die heranwachsenden Kinder. Weitgehend unsichtbar bleibt die Gebäudetechnik zur thermischen Konditionierung der Innenräume. Die Dämmung der Gebäudehülle mit 20 Zentimeter dicken Dämmstoffkörpern aus Polyurethanschaum für die geschlossenen Teile trägt zusammen mit einer hochwertigen Wärmeschutz-Isolierverglasung dazu bei, die Wärmeverluste an den Umfassungsflächen zu minimieren.

Um die Wärmeverluste weiter zu begrenzen und eine möglichst gleichmäßige Temperatur im Innern zu gewährleisten, planten die Architekten als zweite Maßnahme eine kontrollierte Lüftungsanlage ein, die mit einer Wärmerückgewinnung von 90 Prozent arbeitet. Darüber hinaus werden die Betonoberflächen selbst mittels eines integrierten Heiz- und Kühlregisters aus wasserdurchströmten Rohrschlangen thermisch aktiviert: Die geringe Vorlauftemperatur von nur 24 Grad warmem Wasser mit einer Temperaturspreizung von lediglich zwei bis drei Grad bewirkt ein behagliches Raumklima, frei von unerwünschten Zugerscheinungen. „Absolut genial!" – dieses Attribut möchte man dem Motto der Architekten noch hinzufügen. ◻

> GEBÄUDEDATEN
> Grundstücksgröße: 1 024 m²   > Wohnfläche: 225,4 m²   > Zusätzliche Nutzfläche: 62,4 m² (Abstellraum, Hausanschluss, Garage)   > Anzahl der Bewohner: 4
> Bauweise: Ortbeton   > Baujahr: 2006   > Baukosten pro m² Wohn- und Nutzfläche: 1 046 Euro   > Eigenleistung: –   > Baukosten gesamt: 300 700 Euro

1	3
2	4

[1] Der geschützte Hof zwischen Neben- und Haupthaus fängt die Morgen- und Abendsonne ein und dient als Erschließungszone für beide Gebäude.

[2] Jeweils um 90 Grad gegeneinander versetzt, fangen die Fassadenöffnungen die Schönheit der umgebenden Landschaft ein. Komplementär zu den Glasfronten sind graue, fugenlose Felder mit einer Oberfläche aus beschieferten Bitumenbahnen auf eine Hartschaumdämmung gesetzt.

[3] Im Innern des Hauses kontrastieren verschiedene Nuancen von Grau mit erfrischenden Akzenten in Rot.

[4] Eine Badeinsel auf rotem Sockel bildet das Zentrum des loftartigen Raums im Dachgeschoss. Die Glasfassade gibt einem das Gefühl, unter freiem Himmel zu wohnen.

Lageplan

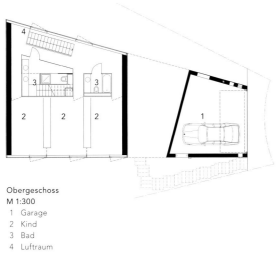

Obergeschoss
M 1:300
1 Garage
2 Kind
3 Bad
4 Luftraum

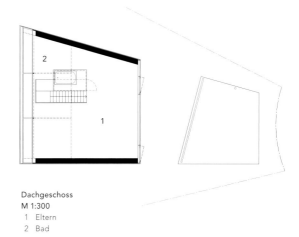

Dachgeschoss
M 1:300
1 Eltern
2 Bad

Erdgeschoss
M 1:300
1 Lager
2 Technik
3 Eingangshof
4 Küche/Essen
5 Wohnen

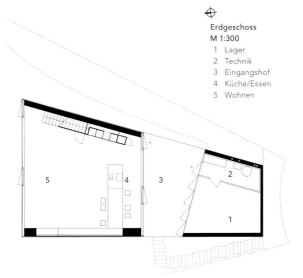

Längsschnitt
M 1:300

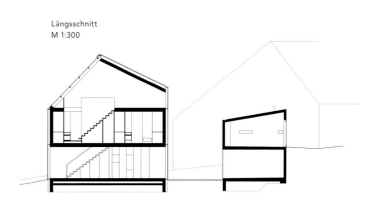

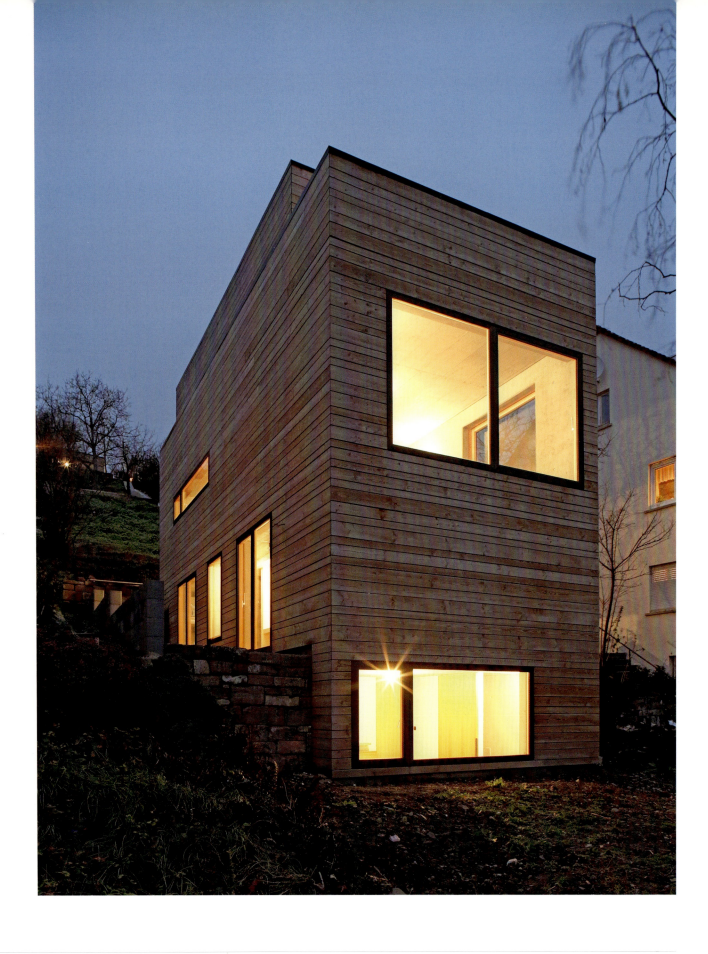

> lohrmannarchitekt

> Einfamilienhaus in Stuttgart

RAUMWUNDER AUF SCHMALER PARZELLE

> Ein als unbebaubar geltendes Grundstück in exponierter Aussichtslage im Stuttgarter Westen forderte den ganzen Ehrgeiz der Architekten heraus. Bei dem ungewöhnlichen Bauvorhaben – einer Nachverdichtungsmaßnahme auf einem aufgelassenen Weinberg – war besonderes planerisches Geschick gefragt: Es galt, eine schmale, zehn mal 100 Meter messende Parzelle mit einem Baufenster von gerade einmal fünf Metern Breite zu bebauen.

Dem extrem steilen, südwestorientierten Hang folgt eine Reihe älterer Wohnhäuser, die vorwiegend aus den Dreißigerjahren stammen. Der Neubau ergänzt diese lockere Kette um ein weiteres Glied. Aufgrund seiner schmalen hohen Stirnseiten und der sich daraus ergebenden turmartigen Talansicht sticht der Neubau aus der vorhandenen Häuserreihe deutlich hervor. Entwurfsbestimmend für das kompakte Gebäude war daher eine aus einfachen Formen und Materialien abgeleitete Architektursprache, die in ihrer Zurückgenommenheit an die bergseitig vorhandenen kleinen hölzernen Zweckbauten erinnert, die sich im Grün der Streuobstwiesen verbergen. Als Materialien kamen Holz und Beton in unterschiedlicher Güte und Oberflächenqualität zum Einsatz. Die Außenansicht des Betonbaus prägt eine sägerau belassene Brettschalung, während der Sichtbeton im Innenraum roh belassen wurde. Bündig in die bewitterte Holzschale eingeschnittene, großformatig verglaste Öffnungen stellen vielfältige Blickbeziehungen zum Außenraum her.

Das Haus wird hangseitig über eine himmelsleiterartige Treppe und einen parallel dazu verlaufenden, 60 Meter langen Schrägaufzug – wie er üblicherweise im Weinbau zum Einsatz kommt – erschlossen. Das Gebäude entwickelt sich auf vier übereinander gestapelten Ebenen in Form einer offenen Wohnlandschaft: Es gibt keine Zimmer sondern Zonen, sodass ein fließendes Raumkontinuum von unerwarteter Großzügigkeit entsteht. Ein gemauerter Funktionskern im Zentrum nimmt die installierten Räume auf und gliedert die einzelnen Geschosse in verschiedene Raumsegmente. Über Schiebewände lassen sich bei Bedarf privatere Zonen abteilen. Jede Ebene hat einen Zugang zu dem terrassiert gestalteten Außenbereich.

Die offen gezeigte Materialität der Baustoffe unterstreicht das einfache räumliche Konzept, das in der kompakten Form des Baukörpers seinen überzeugenden Ausdruck findet. Holz und Beton prägen auch den Innenausbau, wobei fein geschliffenes Parkett einen reizvollen Kontrast zu den roh belassenen Wänden bildet. Küche und Essbereich befinden sich in der Eingangsebene und öffnen sich mit einer raumhohen Verglasung zur schönen Aussicht ins Tal. Als Bodenbelag für diesen Bereich wurde ein geschliffener Beton gewählt, der auch für den Treppenabgang in die beiden Untergeschosse zum Einsatz kam. Ein Luftraum stellt den Sichtkontakt zur Wohnebene in der obersten Etage her, die als Staffelgeschoss ausgebildet wurde. Der Wohnraum ist an beiden Stirnseiten vollständig verglast und erweitert sich über eine vorgelagerte Dachterrasse ins Freie, von der aus man einen fantastischen Fernblick über die Stadt genießen kann.

In den beiden Untergeschossen wird der Eindruck eines fließenden Raums mit einem durchgängigen Bodenbelag aus Holzdielen in gebürsteter und weiß geölter Lärche erzielt. Mit besonderer Aufmerksamkeit sind die Nassräume gestaltet: Die Badewanne im zweiten Untergeschoss zum Beispiel wurde in eine apsisartige Nische integriert, die über ein Oberlicht mit Tageslicht versorgt wird und beim Baden den Blick in den Himmel freigibt. Auch solche Details sind es, die mit dazu beitragen, dass dieses kleine Haus erstaunlich groß wirkt. ◻

> GEBÄUDEDATEN
> Grundstücksgröße: 996 m² > Wohnfläche: 124 m² > Zusätzliche Nutzfläche: 38 m² > Anzahl der Bewohner: 4
> Bauweise: Ortbeton mit Außendämmung und hinterlüfteter Holzschalung > Baujahr: 2006 > Primärenergiebedarf: 112,7 kWh/m²a

[1] Zenitlicht erhellt das offene Elternbad im Untergeschoss. Die Wanne wurde seitlich in eine Wandnische integriert.

[2] Durchgehende Blickachsen lassen die langen schmalen Räume großzügiger wirken.

[3] Spartanisch einfach, aber dennoch gemütlich wirkt die Wohnküche mit offenem Kamin im Erdgeschoss. Der geschliffene Boden bildet einen reizvollen Kontrast zu den roh belassenen Sichtbetonwänden.

[4] Mit klaren Formen und natürlichen Materialien präsentiert sich das kompakte Haus auf einer extrem steilen und lang gestreckten Parzelle. Der quaderförmige Betonbau ist mit sägerauen Douglasien-Brettern verkleidet.

Lageplan 1

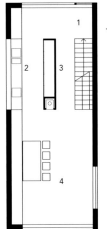

Erdgeschoss
M 1:200
1 Eingang
2 Kochen
3 Durchgang
4 Essen

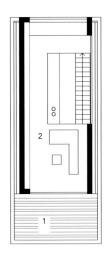

Dachgeschoss
M 1:200
1 Terrasse
2 Wohnen

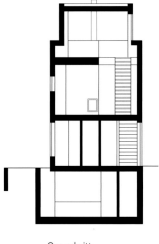

Querschnitt
M 1:200

Lageplan 2

2. Untergeschoss
M 1:200
1 Zimmer
2 Dusche
3 Bad
4 Technik

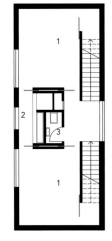

1. Untergeschoss
M 1:200
1 Zimmer
2 Bad
3 WC

[1] Über eine nicht enden wollende, geradläufige Treppe mit begleitendem Weinbergaufzug ist das Haus an die bergseitige Erschließungsstraße angebunden. Wie von einem Hochsitz herab blickt man von der Dachterrasse im Staffelgeschoss auf das Stuttgarter Stadtpanorama.

> weinreich architekten, A. D. Weinreich + C. Wurst   > Einfamilienhaus in Ulm

BEZIEHUNGSREICH

> Im Westen von Ulm bietet der Stadtteil Söflingen eine ruhige Wohnlage mit hervorragender Anbindung an die Innenstadt. Hier, auf einem attraktiven Grundstück, ließen sich die Wohnträume einer vierköpfigen Familie sowie einige spezielle Wünsche des Bauherrn in idealer Weise verwirklichen. Hell und freundlich sollte das Haus sein, modern in seiner Architektur, mit Sichtbeton im Innenbereich und großzügig gestalteten Außenanlagen, die den Garten in das Wohnerlebnis miteinbeziehen.

Nachdem es gelungen war, das Stadtplanungsamt von der modernen Formensprache des Hauses – einem kubischen Bau mit Flachdach – zu überzeugen, konnte das Projekt realisiert werden. Geringfügige Abweichungen vom Bebauungsplan machten es möglich, den vorhandenen Baumbestand weitgehend zu erhalten und auch in dieser Hinsicht den behördlichen Vorgaben zu entsprechen. Die Fassade des zweigeschossigen Stahlbetonbaus ist klar gegliedert: Die geschlossenen Teile des Erdgeschosses sind mit Holz verschalt. Davon hebt sich das mit großformatigen Faserzementplatten bekleidete Obergeschoss als quaderförmiger Baukörper ab.

Über eine lange Auffahrt an der westlichen Grundstücksgrenze gelangt man zum Eingangsbereich. Eine Glasscheibe trennt die elegante Treppe, deren Kragstufen in eine Stahlbetonwand eingespannt sind, vom Entree ab. Der geräumige Eingangsbereich vermittelt bereits einen ersten Eindruck von der großzügigen Organisation dieses Hauses. Von hier aus öffnet sich der Raum auf eine weitläufige, lichtdurchflutete Wohnplattform, die nur durch einige feste Einbauten – der Küchenzeile mit Bartresen sowie dem mächtigen, zentral angeordneten Holzofen – gegliedert wird. Im Süden erweitert sich der teilweise zweigeschossige Wohnbereich ins Freie: Eine raumhohe Glasfassade mit Schiebetüren stellt einen schwellenlosen Übergang auf die breite Terrasse her. Auch das edle Nussbaumparkett schließt fast nahtlos an die auf gleicher Ebene liegende Holzplattform an. Die Dreifachverglasung der Fassade stellt eine wirksame thermische Trennung zwischen innen und außen her, ohne als optische Barriere zu wirken und den fließenden Übergang vom Wohnraum auf die Terrasse zu unterbrechen. Ein besonderer Blickfang ist die am südlichen Grundstücksrand liegende Garage: Wie in einer Vitrine wird hier der Oldtimer des Bauherrn mit einem großen Schaufenster und einer Innenbeleuchtung gekonnt in Szene setzt.

Auch das Obergeschoss, in dem die Privaträume liegen, profitiert von der schönen Aussicht in den Garten: Auf der Südseite erweitert eine Loggia die Wohnfläche nach draußen. Großzügige Lufträume im Bereich der Treppe und der Wohnhalle stellen Sichtkontakte zwischen beiden Ebenen sowie zum Außenraum her und fördern die Kommunikation der Bewohner untereinander.

Das Gebäude wird über eine Erdwärmepumpe beheizt. Zwei Tiefbohrungen liefern die hierfür notwendige Energie und machen das Haus unabhängig von Öl und Gas. Der holzbefeuerte Ofen in der Mitte des Wohnraums fungiert nicht nur als Raumteiler, sondern sorgt auch im Winter für wohlige Wärme, die sich dank des offenen Grundrisses im ganzen Haus verteilen kann.

Die hohe Wohnqualität dieses Gebäudes speist sich aus zwei Quellen: Die „immateriellen" Vorzüge des Entwurfs liegen vor allem in der geschickten Grundrisskonzeption mit teilweise geschossübergreifenden, räumlichen Verbindungen im Innern sowie vielfältigen Bezügen zum Außenraum. Als „materielle" Komponenten tragen die umweltbewusste Bauweise sowie die Verwendung natürlicher Baustoffe zur besonderen Lebensqualität der Bewohner bei, die hier mit den Mitteln der Architektur geschaffen wurde. ◻

> GEBÄUDEDATEN
> Grundstücksgröße: 776 m²   > Grundfläche: 222,4 m²   > Wohnfläche: 238,5 m²   > Zusätzliche Nutzfläche: 86,3 m²   > Anzahl der Bewohner: 4   > Bauweise: Ortbeton
> Baujahr: 2007

[1] Elegant schwingt sich der Treppenlauf mit wandseitig eingespannten Betonstufen ins Obergeschoss.

[2] Das Zentrum der weitläufigen Wohnlandschaft bildet der Kamin.

[3] Beliebter Treffpunkt für ein schnelles Frühstück: die Bar an der offenen Küche.

[4] Über großzügige Öffnungen profitieren beide Geschosse vom Garten. Das Erdgeschoss ist nach Süden hin vollständig verglast, das Obergeschoss scheint darüber fast zu schweben.

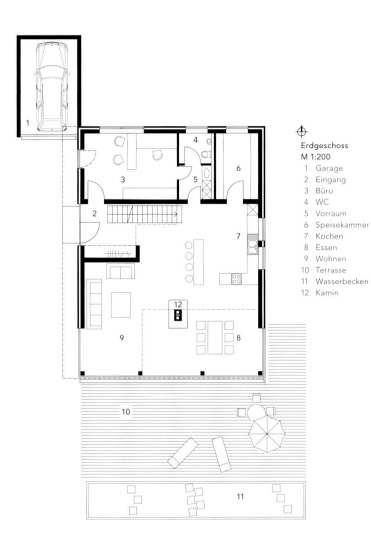

Erdgeschoss
M 1:200
1 Garage
2 Eingang
3 Büro
4 WC
5 Vorraum
6 Speisekammer
7 Kochen
8 Essen
9 Wohnen
10 Terrasse
11 Wasserbecken
12 Kamin

Obergeschoss
M 1:200
1 Luftraum
2 Flur
3 Zimmer
4 Bad
5 Ankleide
6 Schlafen
7 Balkon

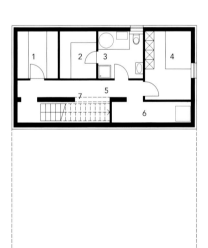

Untergeschoss
M 1:200
1 Weinkeller
2 Sauna
3 Bad
4 Gast
5 Flur
6 Abstellraum
7 Archiv

Querschnitt
M 1:200

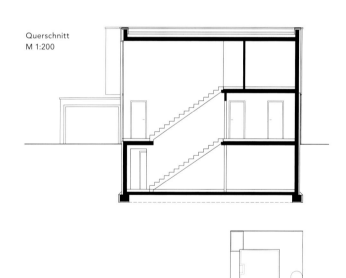

Lageplan

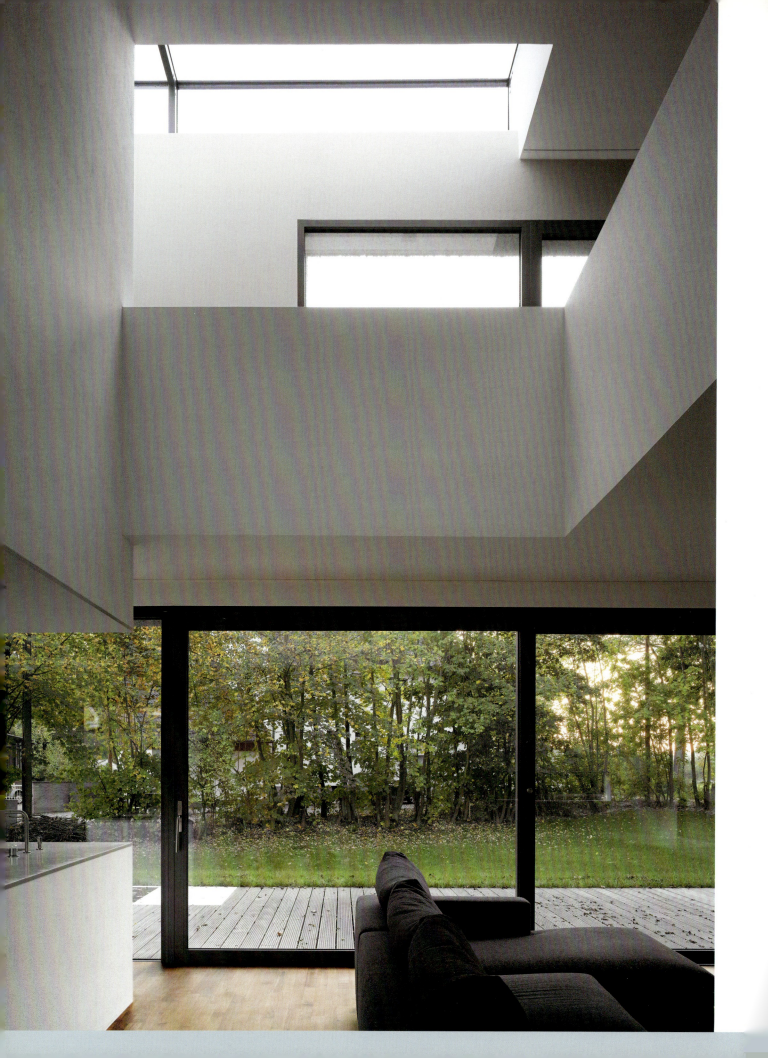

> Titus Bernhard Architekten   > Einfamilienhaus in Mering

QUADER ALS LICHTGESTALT

> Am Ortsrand von Mering bei Augsburg liegt dieses quaderförmige Haus auf einem reizvollen Grundstück mit altem Baumbestand. An den Fassaden des schlichten Baukörpers entfaltet sich ein spannungsvolles Wechselspiel unterschiedlichster Fensteröffnungen: An der Eingangsseite im Nordosten unterbricht eine lockere Abfolge liegender Formate das elegante Weiß der Putzfassade, ohne jeden von außen ablesbaren Bezug zur Zweigeschossigkeit des Hauses herzustellen. Oberflächenbündig und mit schlanken Metallrahmen in die Außenhaut des Gebäudes eingelassen, betonen sie die scheibenhafte Flächigkeit der Fassade. Auf der Gartenseite im Südwesten hingegen bringen teils raumhohe in die Wand eingerückte Öffnungen die Plastizität des Baukörpers zum Ausdruck. Die in wechselnden Formaten angeordneten Fensterfronten deuten auf unterschiedliche Funktionsbereiche im Innern hin. Ein derart freizügiger Umgang mit Öffnungen ist technisch nur möglich, wenn – wie in diesem Fall – stahlbewehrter Beton als tragendes Material der Außenwand zum Einsatz kommt. So konnte das Erdgeschoss zu Terrasse und Garten hin großflächig verglast werden, während markante Übereckeinschnitte die Fassade im Obergeschoss prägen und die massive Attika sich in einem als Oberlicht eingebauten Glaselement fast aufzulösen scheint.

Aus der Ambivalenz zwischen der formalen Einfachheit des Baukörpers und einer unorthodoxen, die Unterschiedlichkeit innerer Funktionsbereiche artikulierenden Lichtführung resultiert der ästhetische Reiz dieser Architektur, die mit scheinbar unvereinbaren Gegensätzen spielt. Ebenso einfach wie raffiniert ist auch der Grundriss angelegt: Ein massiver, von den Außenwänden gelöster und frei eingestellter Kern nimmt die installierten Räume auf. Durch diese Zonierung ergeben sich unterschiedliche Funktionsbereiche: Im Erdgeschoss wird ein Gästeteil vom großzügigen Wohn-, Ess- und Kochbereich abgetrennt, während sich das Obergeschoss in einen Schlaf- und einen Arbeitsbereich aufteilt.

Das Haus empfängt seine Bewohner und Besucher mit dem Blick auf eine elegant ansteigende Treppe, deren frei auskragende Betonstufen in der rückwärtigen Wand eingespannt sind. Über einen Luftraum ist die obere Etage mit dem Erdgeschoss verbunden. Wenige und hochwertige Materialien – dunkler Parkettboden, Glas und Metall im Bereich der Öffnungen – sowie weiß verputzte Wände bestimmen den Charakter der Innenräume, die vom einfallenden Tageslicht spannungsvoll durchstreift werden. Während die schlitzförmigen Fenster am Essplatz auf Sitzhöhe eingebaut wurden, um gezielte Ausblicke in den Garten freizugeben, erweitert die deckenhohe Glaswand im Süden den Wohnraum auch optisch ins Freie. Im Obergeschoss lassen übereck gesetzte Panoramafenster diagonale Blickbeziehungen entstehen, das Oberlicht im Attikabereich wiederum flutet das Innere mit Zenitlicht.

Trotz eines beschränkten Budgets gelang es dem Architekten bei diesem Haus, die allgemein gültige Qualität der Grundrissgestaltung mit einer höchst individuellen Fassadenkomposition in ein faszinierendes Spannungsverhältnis zu bringen. Mit welch überraschender Selbstverständlichkeit er dies umsetzte, zeigt sich auch an der Vermeidung überflüssiger Details: Es ist ja beispielsweise nicht so, dass dieses Haus keine Regenrinne hätte – die Entwässerung des Flachdachs erfolgt jedoch, von außen unsichtbar, über einen Schacht im Kern des Hauses. Der Begriff der Einfachheit steht hier also auch für die souveräne Beherrschung der baukonstruktiven Mittel und Möglichkeiten. ◻

> GEBÄUDEDATEN
> Grundstücksgröße: 1 292 m²   > Wohnfläche: 218 m²   > Zusätzliche Nutzfläche: 39 m²   > Anzahl der Bewohner: 2   > Bauweise: Ortbeton   > Baujahr: 2006   > Baukosten pro m² Wohn- und Nutzfläche: 1 375 Euro (WF), 1 170 Euro (NF)   > Eigenleistung: –   > Baukosten gesamt: 300 000 Euro

[1] Wechselnde Licht- und Schattenspiele akzentuieren den geschossübergreifenden Innenraum.

[2] Wie schwerelos wirkt der Treppenlauf ins Obergeschoss mit seinen Kragstufen.

[3] Bündig in die Fassade eingesetzte Fenster betonen das Flächenhafte der Eingangsfront.

[4] Schlitzförmige Glasfronten in liegendem Format fokussieren die Aussicht in den Garten.

[5] Großformatige Öffnungen auf der Gartenseite heben die Plastizität des Baukörpers hervor und lassen fließende Übergänge zwischen innen und außen entstehen.

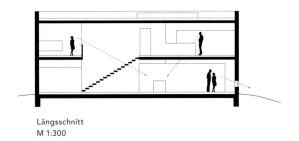

Längsschnitt
M 1:300

Querschnitt
M 1:300

Obergeschoss
M 1:300
1 Arbeiten
2 Luftraum
3 Bad
4 Ankleide
5 Schlafen

Lageplan

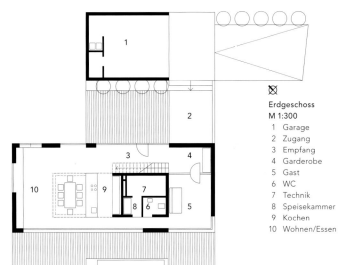

Erdgeschoss
M 1:300
1 Garage
2 Zugang
3 Empfang
4 Garderobe
5 Gast
6 WC
7 Technik
8 Speisekammer
9 Kochen
10 Wohnen/Essen

[1] Überall wird der Tageslichteinfall spannungsvoll inszeniert. Ein Fensterband in Sitzhöhe sowie eine Übereckverglasung geben gezielte Ausblicke vom Essplatz in die umgebende Landschaft frei.

> .rott .schirmer .partner > Wohn- und Bürohaus in Hannover

IM RECHTEN WINKEL

> Die Teilung eines alten Villengrundstücks gegenüber dem Stadtpark in Hannover bot einem jungen kreativen Paar beste Voraussetzungen, seinen Traum vom Wohnen und Arbeiten unter einem Dach zu realisieren. Die Vorzüge des citynahen, von alten Bäumen bestandenen Areals sprachen für sich. Ebenfalls als vorteilhaft erwies sich die Tatsache, dass das Eckgrundstück es ermöglichte, die Erschließung von Wohnung und Büro klar zu trennen. Andererseits galt es, sich gegenüber der Straße sowie zukünftigen, gestalterisch unkalkulierbaren Nachbarprojekten auf der anderen Grundstückshälfte abzuschirmen.

„Der Auftrag ist eher zufällig zustande gekommen", berichten die Architekten. Den Bauherren habe bereits ein anderer Entwurf vorgelegen, für den sie sich jedoch nicht recht begeistern konnten. Seine Vorstellungen hatte das Paar rasch umrissen: Es wünschte sich ein Haus zum Leben, Wohnen und Arbeiten mit viel Licht, Luft und Raum und ohne überflüssigen Schnickschnack. Es sollte erschwinglich, aber nicht billig sein und aus einer Kombination von Holz, Beton, Stahl und Glas bestehen. Ein Wochenende intensiver Überlegungen, unzählige Meter Skizzenrolle und ein Arbeitsmodell seien nötig gewesen, bis schließlich beim Entwurf der Knoten geplatzt sei, erzählen die Architekten.

Ihr Konzept basiert auf einem Kreuz von zwei sich durchdringenden Betonscheiben: Sie wurden so dicht wie möglich an die Grundstücksgrenzen geschoben und trennen Haushaltsräume, Garage und Büro voneinander. Zugleich schirmen sie den Garten vom Eingangsbereich ab. Vor Einblicken gut geschützt, öffnet sich der Wohn-, Koch- und Essbereich auf eine vorgelagerte Terrasse. Auf dieser winkelförmigen Anlage sitzt das Obergeschoss mit den Privat- und Wellnessräumen als einfacher Kubus.

Ein guter Entwurf ist das eine, eine sorgfältige Werkplanung ist das andere: Fleiß, Disziplin und die Fähigkeit zur Zusammenarbeit mit Tragwerkplanern und Gebäudetechnikern sind für das Entstehen eines überzeugenden Gebäudes ebenso wichtig wie das Konzept selbst. In gleichberechtigter Teamarbeit hätten sie sich mit dem Selbstverständnis eines „Ingenieurs für Baukonstruktion" eingebracht, berichten die Architekten. Dies betrifft auch die Zusammenarbeit mit den Fachingenieuren, zumal es immer wichtiger wird, den künftigen Energiebedarf eines Hauses schon in der Planungsphase genau zu bestimmen. Der große Glasanteil und die geringe Kompaktheit des Gebäudes schienen zunächst nicht die besten Voraussetzungen zu bieten. Dass das Haus dennoch im KfW-60-Standard realisiert werden konnte, ergab sich aus dem Zusammenwirken einer optimal gedämmten Gebäudehülle mit einer kontrollierten Wohnraumlüftung mit Wärmerückgewinnung. Beheizt wird das Gebäude über eine Gas-Brennwerttherme, wobei im Hinblick auf die spätere Nachrüstung mit einer solarthermischen Anlage bereits jetzt ein 700 Liter fassender Warmwasser-Kombispeicher eingebaut wurde.

Die beiden entwurfsbestimmenden Wandscheiben sind innen und außen aus Sichtbeton hergestellt. Weiß verputzte Decken und Wände, Natursteinboden aus geschliffenem Dolomit im Erdgeschoss, dunkler Parkettboden im Obergeschoss sowie Stahl und Glas bestimmen den reduzierten Materialkanon. Der Sichtbeton wurde aus Kostengründen in Halbfertigteilbauweise mit glatter Stahlschalung und gebrochenen Kanten ausgeführt. Im Gegensatz zu einer vor Ort geschalten Wand erlaubte die Fertigteilbauweise erhöhte Anforderungen an die Ebenheit und Maßhaltigkeit der einzelnen Elemente. „Transport und Lagerung der Halbfertigteile müssen mit geradezu chirurgischer Präzision erfolgen", berichten die Architekten. „Etwaige Fehler, beispielsweise im Werk falsch gesetzte Dosen für die Installation, lassen sich vor Ort kaum noch korrigieren" – es geht eben nichts über eine sorgfältige Planung. ◻

[1] Blick auf den Bürotrakt: Eine Öffnung übereck, eingeschnitten in die Außenwand, ist kein Problem beim Bauen mit Stahlbeton.

[2] Kochen, Essen und Wohnen bilden eine räumliche Einheit. Ein großzügiger Treppenlauf mit einem zum Luftraum erweiterten Treppenauge führt zu den Privaträumen im Obergeschoss.

[3] Im Wohnraum vermitteln Sichtbeton, Stahl, Glas sowie geschliffener Dolomit als Bodenbelag gediegene Wertigkeit.

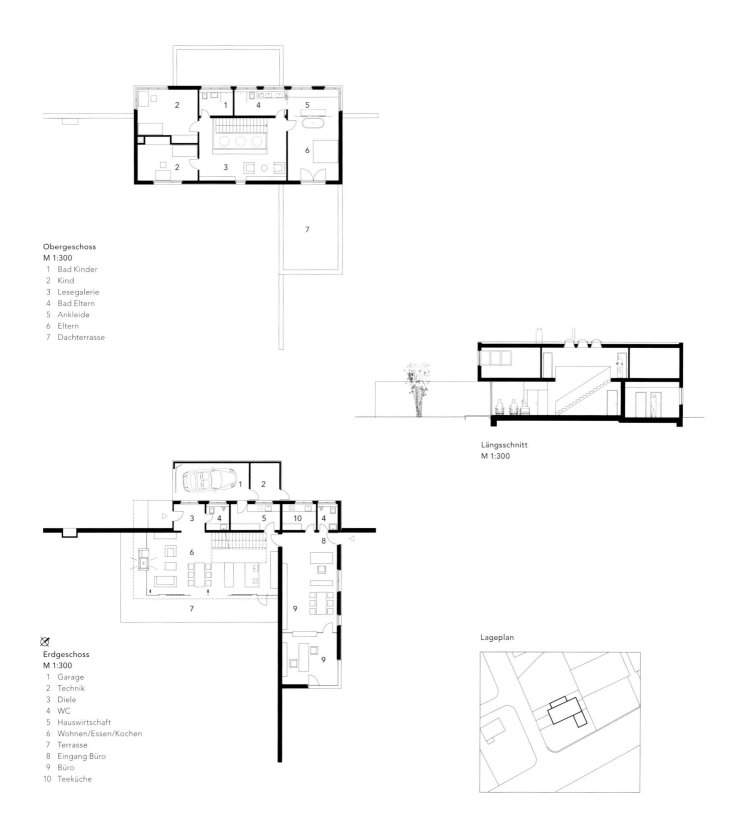

Obergeschoss
M 1:300
1 Bad Kinder
2 Kind
3 Lesegalerie
4 Bad Eltern
5 Ankleide
6 Eltern
7 Dachterrasse

Längsschnitt
M 1:300

Erdgeschoss
M 1:300
1 Garage
2 Technik
3 Diele
4 WC
5 Hauswirtschaft
6 Wohnen/Essen/Kochen
7 Terrasse
8 Eingang Büro
9 Büro
10 Teeküche

Lageplan

> Lohmann Architekten > Generationenhaus in Bad Wurzach

FLEXIBILITÄT NACH MASS

> Die Entstehungsgeschichte dieses Hauses geht auf eine Leserumfrage der Zeitschrift *Schöner Wohnen* zurück, die Ende 2004 stattfand. Unter der programmatischen Überschrift „Ein Haus fürs Leben" wurden mit 20 Fragen rund um das Thema Bauen und Wohnen Eigenschaften und Merkmale eines idealen Hauses ermittelt. Aus der Umfrage, an der mehr als 100 000 Leser teilnahmen, ergab sich folgendes Resultat: Das gesuchte Traumhaus sollte hell, offen und flexibel, sachlich und funktional zugleich sein sowie Raum für Emotionen und Individualität bieten. Mit diesem abstrakten Ergebnis gaben sich die Zeitschrift *Schöner Wohnen* und der Verlag Gruner+Jahr jedoch noch nicht zufrieden: In Zusammenarbeit mit der Deutschen Zement- und Betonindustrie und dem Architekturbüro Lohmann entstand auf Grundlage der Wünsche der Befragten ein umfassendes Gebäudekonzept, das mit Flexibilität nach Maß auf individuelle Wohnwünsche und auch auf sich ändernde Lebensumstände reagieren kann. Das „Haus fürs Leben" wurde 2005 in Sittensen als Prototyp erstmals gebaut.

Wohnen wird, wie in der Leserumfrage ermittelt, als ein dynamischer Prozess aufgefasst. Die logische Antwort des Architekten auf diese Dynamik sich wandelnder Ansprüche und Lebenssituationen ist ein variabler Grundriss: Es werden keine Lebensräume abgegrenzt, sondern Freiräume für individuelle Wohnformen und Aktivitäten geschaffen – das Haus ist offen, transparent und bietet dennoch genügend Platz für Rückzugsmöglichkeiten. Auch das äußere Erscheinungsbild ist frei wählbar: Die Architektur- und Formensprache reicht von der Neuinterpretation des traditionellen Einfamilienhauses über klassisch moderne Varianten bis hin zum zeitlos eleganten Villentyp.

Das variable Bauen und Wohnen ist auch aus demografischen Aspekten erforderlich: In einer weiteren Leserbefragung im Jahr 2007 wurden Rahmenbedingungen gesteckt, die das familäre Zusammenleben über Generationen neu definiert. Über 20 000 Antworten wurden ausgewertet und im „Generationenhaus" umgesetzt. Dieser Gebäudetyp, in Bad Wurzach im Sommer 2008 fertig gestellt, wird sowohl den Ansprüchen einer jungen, wachsenden Familie gerecht als auch den Vorstellungen von einer individuellen Lebensführung im Alter.

Als Voraussetzung für ein harmonisches Miteinander von Jung und Alt hatten 80 Prozent der Befragten angegeben, dass jede Partei ihren eigenen Rückzugsbereich haben sollte. Das Gebäudeensemble besteht daher aus zwei locker miteinander verbundenen Wohneinheiten – einem zweigeschossigen Haupthaus und einem eingeschossigen Trakt. Die Parteien haben getrennte Eingänge, zwei separate Terrassen, aber auch einen gemeinsamen Innenhof, das Atrium. Während sich das Familienleben im Haupthaus abspielt, lässt sich das kleinere Nebenhaus unterschiedlich nutzen: als Wohnung für Großeltern, Gäste, Aupairmädchen, heranwachsende Kinder oder Home-Office. Der ebenerdige Trakt ist zudem barrierefrei angelegt: Alle Ein- und Ausgänge sind schwellenlos, alle Durchgänge mindestens 90 Zentimeter breit. Ähnlich wie beim Vorgängermodell müssen sich die Bauherren hier nicht von Anfang an festlegen – beide Wohneinheiten können beliebig nach außen oder oben wachsen und sich geänderten Lebensbedingungen anpassen.

Dass es dem Architekten gelang, all diese unterschiedlichen Anforderungen auf einen gemeinsamen Nenner zu bringen, basiert auf einem verblüffend einfachen Konzept: Mit der Modulbauweise lässt sich eine Grundrisstypologie entwickeln, die auf unkomplizierte Weise variiert werden kann. Die lineare Reihung als einfaches Organisationsprinzip erlaubt es, Nebenräume in einer separaten Spange parallel zu den Wohnräumen anzuordnen. Das Treppenhaus bildet ein eigenständiges Funktionsmodul. Damit sind alle Voraussetzungen für eine Veränderbarkeit in Längsrichtung gegeben. In Querrichtung addierbare Module erweitern das Spektrum der Variationsmöglich-

> GEBÄUDEDATEN
> Grundstücksgröße: 1 220 m²   > Wohnfläche: 321,5 m² (Haupt- und Nebenhaus)   > Zusätzliche Nutzfläche: 54,10 m² (Terrassen) / 28,90 m² (Carport)
> Anzahl der Bewohner: max. 6   > Bauweise: Blähtonwandelemente mit Wärmedämmverbundsystem   > Baujahr: 2008
> Baukosten pro m² Wohn- und Nutzfläche: ca. 1 900 Euro für die Standardausführung   > Eigenleistung: –   > Baukosten gesamt: Haupthaus ca. 276 000 Euro, Nebenhaus ca. 179 000 Euro   > Primärenergiebedarf: Haupthaus 29,6 kWh/m²a, Nebenhaus 39,2 kWh/m²a

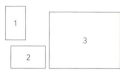

[1] Zwei Schiebetüren trennen das Elternbad im Obergeschoss vom Schlafraum ab.

[2] Im Erdgeschoss gehen Küche, Ess- und Wohnbereich offen ineinander über. Deckenhohe Einbauschränke dienen zugleich als Raumteiler zu Flur und Treppenhaus.

[3] Das Hausensemble besteht aus einem zweigeschossigen Hauptgebäude sowie einem ebenerdigen Nebentrakt. An der Fassade des Haupthauses ist der modulare Aufbau deutlich ablesbar: Die breitere Hälfte rechts wird vom Wohnriegel eingenommen, die schmalere Hälfte links vom Versorgungstrakt. Ein lockeres Gefüge aus Stützen und Balken setzt sich als raumbildendes Element im Freien fort.

keiten, sodass die Gebäude je nach Bedarf vergrößert oder umorganisiert werden können. Zudem lassen sich die meisten Innenwände versetzen.

Das Haus wird zum Baukasten: Die Module für Wände, Decken und Dächer werden industriell vorfabriziert und als Fertig- oder Halbfertigteile am Bauplatz innerhalb kürzester Zeit montiert. Als bewährte Methode zur Industrialisierung des Bauens bietet die Modulbauweise nicht nur eine hohe Qualität der Ausführung, sondern ist darüber hinaus auch sehr wirtschaftlich. Als wesentliches Konstruktionsmerkmal kamen Leichtbeton-Wandelemente zum Einsatz. Blähton als Zuschlagstoff zeichnet sich durch herausragende bauphysikalische Qualitäten aus. Gute Wärmedämmeigenschaften und die Fähigkeit der Feuchteregulierung sorgen für ein optimales Raum- und Wohnklima. Ein System aus Stützen und Balken ergänzt als Skelettbau die tafelförmigen Wand- und Deckenelemente und erlaubt großformatige Fassadenöffnungen.

Auch das Energiekonzept des Allgäuer Musterhauses ist wohl durchdacht. Die hoch wärmegedämmte Gebäudehülle – die Außenwände erhielten eine 24 Zentimeter starke Isolierung sowie eine Beschichtung mit Karbon-Putz – trägt zusammen mit den massiven Dächern sowie den dreifach verglasten Fenstern dazu bei, den Primärenergiebedarf unter den KfW-40-Standard zu senken. Der Bau verbraucht zu 86 Prozent regenerative Energien und ist mit einer Grundwasser-Wärmepumpe, einer solar unterstützten Trinkwasserbereitung und einer kontrollierten Wohnraumlüftung mit Wärmerückgewinnung ausgestattet. Damit ist hier in jeder Hinsicht ein ebenso zeitgemäßes wie zukunftsfähiges Haus entstanden. □

[1] Mit klaren Linien und anthrazitfarbenen Satteldächern präsentieren sich die beiden Baukörper auf der Gartenseite. Schlanke Metallprofile gliedern die großformatigen Fassadenöffnungen und tragen zur leichten und filigranen Erscheinung bei.

Obergeschoss
M 1:300
1 Bad
2 Schlafen
3 Arbeiten
4 Kinder

Lageplan

Erdgeschoss
M 1:300
1 Eingang/Diele
2 Kochen
3 Essen
4 Wohnen
5 Schlafen
6 Bad
7 WC
8 Abstellen
9 Terrasse

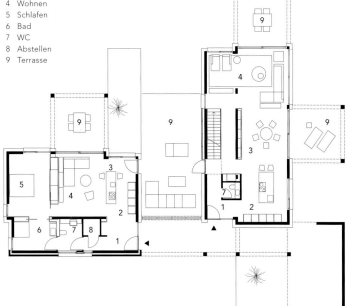

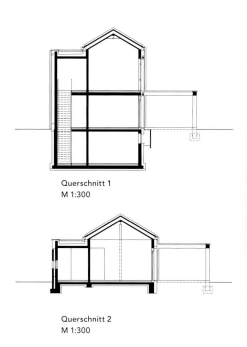

Querschnitt 1
M 1:300

Querschnitt 2
M 1:300

1	
	3
2	

[1] Das Treppenhaus ist ein modulares Element der als Baukastensystem konzipierten Konstruktion. Der Treppenlauf wurde aus Beton gegossen und roh belassen, eine gläserne Trennwand sorgt für Blicktransparenz.

[2] Kommunikativer Familientreffpunkt unter freiem Himmel ist das geschützt liegende Atrium: Es verbindet die Haustrakte miteinander und wird von beiden Parteien gemeinsam genutzt.

[3] Fronten aus Nussbaumholz lassen den Küchenblock wie ein edles Möbelstück wirken.

> Gerhard Mitterberger   > Atriumhaus in Virgen

BASTION AM FUSS DER HOHEN TAUERN

> Durch die „Hohen Tauern", eine wilde Berglandschaft, die der Italienreisende von Norden kommend auf seinem Weg Richtung Süden durchqueren muss, führen von alters her wichtige Handelswege zum Austausch von Gütern und Dienstleistungen. Im Nationalpark Hohe Tauern, auf 1 200 Metern Höhe befindet sich der Ort Virgen, dessen Name aus dem Slawischen kommt und so viel wie „sonniges Plätzchen" bedeutet. „In der Nähe lag eine römische Siedlung", erläutert der Architekt und erklärt, warum ein Atriumhaus in dieser Umgebung funktioniert: „Damit bekommt die massive Bauweise eine Berechtigung, denn die herrschaftliche römische Bautradition ist eine Steintradition". Sein Konzept, Sichtbeton als Material für Außen und Innen einzusetzen, entsprach auch den Wünschen des Bauherrn, der kein Haus aus Holz bauen wollte.

Oberhalb der Ortschaft, auf einem nach Süden hin abfallenden Grundstück, entstand das neue Haus vor eindrucksvoller Bergkulisse. Das hufeisenförmige Gebäude reagiert auf die Hanglage, indem es sich talwärts öffnet. Aus den Steinen, mit denen in dieser Gegend die Wiesen durchsetzt sind und die die Bauern beim Pflügen stören, wurde eine Art Ringwall errichtet: Er definiert im Sockelbereich einen geschützten Bezirk und verbindet das Haus auf natürliche Weise mit dem felsigen Untergrund. Darüber erhebt sich der Sichtbetonbau mit einer kräftigen Betonung der Horizontalen.

Man betritt das Haus im Sockelgeschoss über einen eingezogenen Eingangsbereich. Die untere Ebene nimmt neben einer Einliegerwohnung einen Mehrzweckraum, Technik- und Lagerräume sowie die Garage auf. Über eine einläufige Treppe gelangt man unmittelbar in das darüber liegende Geschoss und wird von einer lichtdurchfluteten Wohnlandschaft empfangen. Der zusammenhängende Wohn- und Essbereich mit offenem Kamin ist unmittelbar zum Atrium hin orientiert, das von zwei Gebäudeflügeln flankiert wird: Während der westliche Trakt die Privaträume aufnimmt, sind im Osten ein großzügiger Arbeitsbereich und ein Clubraum vorgesehen. Auf der Südseite rahmen auskragende Dachflächen die Aussicht und dienen zugleich als Sonnenschutz für die großen Glasfronten.

Das Familienleben ist um die geschützte Binnenzone herum organisiert. Die Räume orientieren sich zum Atrium hin, ohne jedoch auf die Aussicht zu verzichten: Mit deckenhohen Glasfassaden wird der Blick über den Innenhof hinweggelenkt und die Bergkulisse jenseits des Tals wie auf einer Breitbandleinwand eingefangen. Mit Schiebeelementen lassen sich die Wohnräume bei fast jeder Witterung über die Terrassen ins Freie erweitern. Das Atrium bietet jedoch nicht nur Schutz vor Einblicken oder den im Gebirge häufig auftretenden starken Winden, sondern dient auch der Belichtung des Sockelgeschosses: Es reicht über beide Ebenen und umschließt sowohl die holzgedeckten Freisitze im Erdgeschoss als auch einen Steingarten, der als natürlicher Felsaufschluss eine Verbindung zu der verglasten Fassade im Untergeschoss herstellt. Damit tritt das Gebirge selbst in den Nahbereich des Hauses ein: Es wird zu einem integralen Bestandteil einer Architektur, der es gelingt, unter Einbeziehung lokaler Qualitäten an Traditionslinien des Massivbaus anzuknüpfen und mit modernen Mitteln neue Akzente zu setzen. ◻

> GEBÄUDEDATEN
> Grundstücksgröße: 624 m²   > Wohnfläche: 317 m²   > Zusätzliche Nutzfläche: 100 m² (Keller und Garage)   > Anzahl der Bewohner: 4   > Bauweise: Ortbeton, Sichtbeton innen
> Baujahr: 2007   > Baukosten pro m² Wohn- und Nutzfläche: 1 235 Euro   > Eigenleistung: –   > Baukosten gesamt: 515 000 Euro

[1] Von der Außenwelt gut abgeschirmt, entfaltet sich auf der Hofseite eine großzügige Wohnlandschaft: Die Räume gruppieren sich um das zentrale Atrium, das das Herzstück des Hauses bildet.

[2] Deckenhohe Öffnungen stellen direkte Bezüge zwischen innen und außen her. Die sorgfältig geschalten Sichtbetonwände prägen den Raumeindruck.

[3] Wie eine Bastion ruht der breit gelagerte Baukörper auf einer Hangkuppe über dem Ort und behauptet sich selbstbewusst gegen die schroff aufragende Kulisse der Hohen Tauern.

[4] Als Steingarten ist der felsige Untergrund unmittelbar in das Wohnerlebnis mit einbezogen: Er bildet eine natürliche Senke zur Belichtung der Büroräume im Sockelgeschoss.

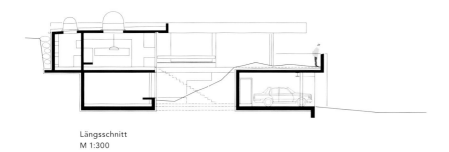

Längsschnitt
M 1:300

Lageplan

Untergeschoss
M 1:300
1 Windfang
2 Garderobe
3 Zimmer
4 Dusche/WC
5 Sauna/Ruheraum
6 Archiv
7 Technik
8 Garage/Lager
9 Atrium

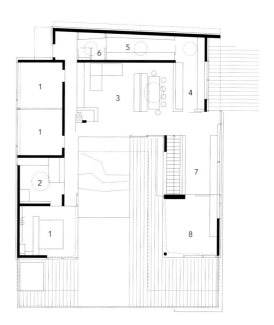

Erdgeschoss
M 1:300
1 Zimmer
2 Bad
3 Wohnen/Essen
4 Kochen
5 Lager
6 Dusche/WC
7 Arbeiten
8 Clubraum

> Hein-Troy Architekten

> Einfamilienhaus in Feldkirch

GRÜNES MEISTERWERK

> An einem leicht nach Norden hin abfallenden Hang, malerisch über dem vorarlbergischen Feldkirch gelegen, konnte eine junge vierköpfige Familie ihren Traum vom Wohnen im Grünen verwirklichen. Das Grundstück ist von alten Obstbäumen bestanden und bietet eine herrliche Aussicht auf die Schweizer Berge. Die Bauherren hatten klare Vorstellungen, was ihre zukünftigen eigenen vier Wände betraf: „Ein Haus, das uns aushält und mit dem wir zusammenleben können", sollte es werden. Im Gespräch mit ihren Architekten war vom Wohnen in den Bäumen, vom zentralen Kochen, von offenen Raumfolgen und von der Bemalbarkeit der Wände die Rede. Auch waren robuste Materialien wie Gussasphalt, Sichtbeton und unbehandeltes Holz ausdrücklich gewünscht.

Ihren Entwurf sehen die Architekten als das Ergebnis einer sorgfältigen Analyse, bei der sowohl die Vorgaben der Bauherren als auch die besonderen Qualitäten des Grundstücks die Ausgangspunkte bildeten: Jeder Raum, jede Funktion mit den ihr zugeordneten Bezügen in Höhenlage, Orientierung, Ausblick, Ausdehnung oder Lichtstimmung stellt eine direkte Antwort auf die spezifische Situation dar. Mit minimalem Eingriff fügt sich das Haus unter Erhaltung des alten Baumbestands und des angrenzenden Weihers mit Bach in das Grundstück ein.

Trotz seiner geringen Kubatur ist das Gebäude in fünf unterschiedliche Funktionsebenen unterteilt: Über einem zurückgesetzten Sockelgeschoss erhebt sich ein skulptural geformter Baukörper, der sich aus weit auskragenden Kuben zusammenfügt. Vom Eingangsniveau aus werden über eine Halbtreppe sowohl das kompakte Sockelgeschoss mit Lager- und Technikräumen als auch das großzügige Wohngeschoss mit der nach Südwesten ausgerichteten Loggia erschlossen. Um ein weiteres Halbgeschoss nach oben versetzt liegen die Räume der Kinder mit einem zwischengeschalteten Lern- und Spielbereich.

Die oberste Ebene nimmt das so genannte „Baumhaus" ein – ein kleiner, intimer Wohnraum mit vorgelagerter Dachterrasse. Von hier aus bietet sich eine fantastische Aussicht auf das beeindruckende Panorama der Schweizer Bergwelt.

„Besonders wichtig war die Ablesbarkeit der verwendeten Materialien. So wurde der Beton an allen sichtbaren Oberflächen im Innenraum in seiner Ursprünglichkeit belassen", erklären die Architekten. Dabei sei es ihnen durch sorgfältige Planung gelungen, die Betonarbeiten in Sichtbetonqualität auszuführen. Alle Installationen, Beleuchtungskörper, sowie Fenster- und Türöffnungen wurden mit großer Sorgfalt eingeschalt und vor Ort betoniert. Mit Stahlbeton als Baumaterial für die Tragstruktur ließen sich auch die raumgreifenden Einschnitte im Baukörper und die teilweise großen Auskragungen des Hauses fast mühelos realisieren.

Zwei jeweils 90 Meter tiefe Erdsonden mit Wärmepumpe liefern die gesamte Energie für Raumheizung sowie Warmwasseraufbereitung und machen das Haus energetisch weitgehend unabhängig. Voraussetzung für den relativ niedrigen Wärmebedarf ist eine hervorragende Dämmung aller Umfassungsflächen. Die verwendeten Baustoffe stammen zum Großteil aus der Umgebung. Der sparsame Umgang mit den natürlichen Ressourcen zeigt, dass die Farbe Grün hier nicht nur als Anstrich, sondern auch als Programm zu verstehen ist.

Bei einem Besuch des fertig gestellten Wohnhauses konnten sich die Architekten davon überzeugen, dass ihr Konzept aufgegangen ist: Wie gut die Bauherrenfamilie in und mit diesem Gebäude lebt, lässt sich an jeder Ecke ablesen – das Ineinanderwachsen von Haus, Bewohnern und Umgebung ist deutlich spürbar. ◻

> GEBÄUDEDATEN
> Grundstücksgröße: 750 m² > Wohnfläche: 136 m² > Zusätzliche Nutzfläche: 33 m² > Anzahl der Bewohner: 4 > Bauweise: Stahlbeton mit Vollwärmeschutz
> Baujahr: 2007 > Heizwärmebedarf: 30 kWh/m²a

[1] Mut zur Farbe: Komplementär zum Grün der Fassade zeigt sich das Bad in kräftigem Rot.

[2] Im Innern wurde der sichtbar belassene Ortbeton mit wenigen Materialien wie sägerauen Weißtannenbrettern als Bodenbelag und schwarzen MDF-Platten für Möbel und Einbauten kombiniert.

[3] Versteckt zwischen Baumwipfeln liegt das Haus in malerischer Lage oberhalb von Feldkirch auf einem traumhaften Grundstück mit Aussicht auf die Schweizer Bergwelt.

[4] Flächenbündig in die Außenschale eingesetzt, rahmen die Fensteröffnungen jeweils gezielte Ausblicke in die Landschaft.

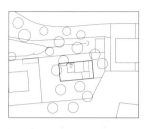

Lageplan

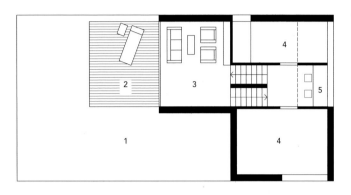

Obergeschoss
M 1:200
1 Gründach
2 Terrasse
3 „Baumhaus"
4 Kind
5 Lernen

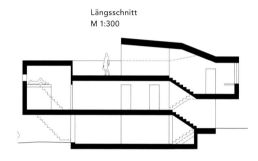

Längsschnitt
M 1:300

Erdgeschoss
M 1:200
1 Eingang
2 Garderobe
3 Vorraum
4 Küche
5 Essen/Wohnen
6 Terrasse
7 Eltern
8 Bad Eltern
9 Bad Kind
10 Abstellraum

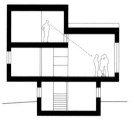

Querschnitt
M 1:300

Untergeschoss
M 1:200
1 Abstellraum/Geräte
2 Waschküche
3 Technik
4 Garderobe
5 Büro

[1] Über einem eingezogenen Eingangsgeschoss entwickelt sich das auf fünf Ebenen organisierte Raumprogramm des Familienhauses.

> Maria Flöckner und Hermann Schnöll   > Einfamilienhaus in Adnet

FATA MORGANA IM TENNENGAU

> Am Adneter Riedl, südöstlich des Halleiner Autobahnknotens vor den Toren der Stadt Salzburg, taucht dieses Haus als flacher Fremdkörper unvermittelt aus dem Wiesengrund des Tennengaus auf. Über eine schmale Zufahrt ist das Gebäude wie eine Installation in der Landschaft an das Netz der Verkehrswege angebunden. Fern jeder dörflichen Infrastruktur wird Mobilität hier zum überlebenswichtigen Faktor: Das Auto spielt im Alltag der Bauherren, die als Unternehmer ständig zwischen Deutschland und Salzburg pendeln, eine wichtige Rolle. Als Teil ihres infrastrukturellen Netzes symbolisiert ihr Haus zugleich auch den Knotenpunkt zwischen Landschafts- und Straßenraum.

Kaum in der Wiese verankert, scheint das Haus förmlich über dem üppig wuchernden Grasland zu schweben. Zwei große Stahlbetonplatten werden durch wenige, im Innenraum nicht wahrnehmbare Stahlstützen auf Abstand gehalten. Zwischen diesen beiden horizontalen Ebenen spannt sich ein offener Großraum als zusammenhängende Wohnplattform auf, begrenzt von einer ringsum laufenden, vertikalen Glashülle. Von den 371 Quadratmetern Nutzfläche dienen allein 137 Quadratmeter als Unterstand für die Fahrzeuge: Eine weitere Glaswand stellt eine optische Verbindung zwischen Stellplätzen und Wohnraum her, sodass die Autos zum Teil des Wohnerlebnisses werden. Die Mobilität steht hier auch symbolisch im Vordergrund: Die Autos signalisieren allein durch ihre Präsenz einen jederzeit möglichen Aufbruch.

Neun quadratische Holzmodule nehmen unterschiedliche Funktionen wie Bad, Ankleide, Lager oder Garderobe auf, gliedern die offene Wohnlandschaft und verbergen in ihrem Innern die tragenden Stahlstützen. Zwischen diesen logistischen Fixpunkten entstehen verschiedene Zonen zum Schlafen und Wohnen, die nur durch die deckenhohe, teilweise geschwungene Glashülle von der Außenwelt getrennt werden.

Fast farblos zeigt sich das Innere in einem kontrastreichen Spiel von Schwarz und Weiß. Fotografische Nahaufnahmen aus den umliegenden Wäldern wurden als Siebdrucke auf Glastafeln fixiert und dienen als Bekleidung der neun Kerne. Die Baummotive sind auf den Kopf gestellt und zeigen wie Negative eine inverse Verteilung von Schwarz und Weiß. Sie spiegeln sich in dem polierten Fußbodenbelag aus schwarzem Gussasphalt mit Einsprengungen aus grünem Diabas.

Vor den Glasfronten umweht ein lockeres Gewirk aus schwarzem Polyethylen die Terrassenkanten: Der dunkle Vorhang dient je nach Bedarf als Sicht- und Sonnenschutz zugleich. Der leiseste Windstoß genügt, um dieses Foliengewebe in raschelnde Bewegung zu versetzen, um das fremdartige architektonische Erscheinungsbild noch zu verstärken. Wie das Haus hier, kaum wahrnehmbar mit dem Untergrund verbunden, überraschend aus den grünen Wellen der Wiesenlandschaft auftaucht, wirkt es wie eine temporäre Nomadenunterkunft – und auf den ersten Blick an diesem Ort so unwahrscheinlich wie eine Luftspiegelung – eine Fata Morgana.

Die statische Lösung für dieses architektonische Kunststück ist eine Verbundkonstruktion aus Stahl und Beton, bei der ein Stahlträgerrost mit einer Bauhöhe von 50 Zentimetern auf seiner Unterseite eine 16 Zentimeter dicke Stahlbetonplatte trägt, die über Kopfbolzen an das Stahltragwerk angeschlossen ist. Auf diese Weise konnten die acht Meter frei auskragenden Eckbereiche des Gebäudes realisiert werden. Eine auf Vouten gelagerte 25 Zentimeter dicke Stahlbetonplatte bildet das Pendant zur Deckenplatte. Drei Tiefsonden mit 100 Meter Länge nutzen das Gefälle zwischen der Oberflächen- und Tiefentemperatur und liefern die nötige Energie zur Beheizung des Hauses. ☐

> GEBÄUDEDATEN
> Grundstücksgröße: 1 000 m²   > Wohnfläche: 234 m²   > Zusätzliche Nutzfläche: 137 m² (Garage und Werkstatt) / 183 m² (Terrassen mit Schwimmkanal)
> Anzahl der Bewohner: 2   > Bauweise: Verbundkonstruktion aus Stahl und Beton   > Baujahr: 2007   > Baukosten pro m² Wohn- und Nutzfläche: 2 079 Euro
> Eigenleistung: –   > Baukosten gesamt: 1 152 000 Euro   > Heizwärmebedarf: 25 kWh/m²a

| 1 | 2 | 3 |
| | 4 | |

[1] Das Entree, das zugleich auch als Garage dient, ist über eine deckenhohe Glaswand vom offenen Wohnbereich abgeteilt.

[2] Zwischen den expressiv gestalteten, mit Baummotiven bedruckten Kernen fließt der Raum frei und bildet unterschiedliche Funktionszonen.

[3] Durch einen Ausschnitt in der weit auskragenden Deckenplatte sprießt ein Bambuswäldchen.

[4] Mit zwei massiven, formgleich übereinander liegenden Betonplatten hebt sich das Haus von der bewegten Naturlandschaft ab. Die facettierte Glashülle bildet eine kaum wahrnehmbare Schranke zwischen innen und außen.

[1] Vor der Bergkulisse des Tennengaus taucht das Haus unvermittelt aus dem wogenden Wiesengrün auf.

[2] Der schwarze, transluzente Vorhang aus Polyethylen legt sich wie eine zweite Haut um das Gebäude und lässt eine Übergangszone zwischen innen und außen entstehen. Der leiseste Windstoß bringt Bewegung in diesen Zwischen-Raum.

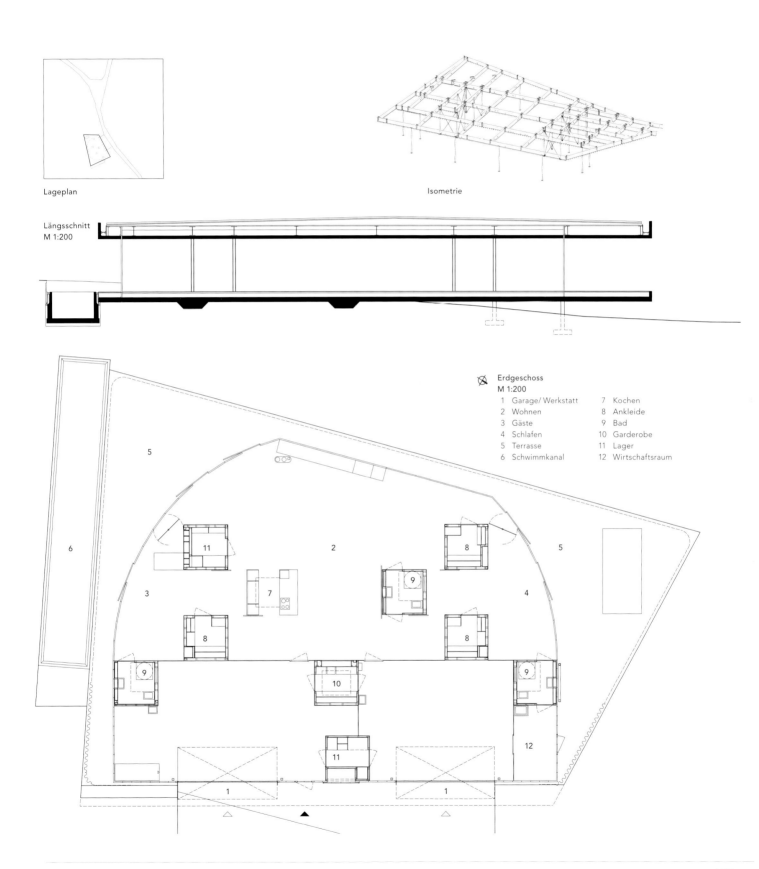

> Luger & Maul > Haus am Attersee

DAS HÖLLENGEBIRGE IM VISIER

> Bereits in der Jungsteinzeit waren die Ufer des Attersees im oberösterreichischen Salzkammergut besiedelt. Der Name des Sees leitet sich aus dem Illyrischen ab, wo „Ata" oder „Ada" Wasser bedeutet. Seewalchen liegt am Haupt dieses lang gestreckten Gletschersees. Schon die Römer schätzten die Gegend als Erholungsgebiet, wovon Relikte römischer Villen Zeugnis ablegen. Der Neubau befindet sich in unmittelbarer Nachbarschaft zu einer Ikone der modernen Architektur in Österreich, dem so genannten „Haus am Attersee", das 1934 von Ernst Anton Plischke errichtet wurde. Das Gebäude wurde weiter unterhalb am Hang positioniert, ohne dem Nachbarn die Aussicht zu nehmen. Während das Architekturdenkmal aus den Dreißigerjahren sich vom Gelände löst und vor der Waldkulisse über dem Grasland zu schweben scheint, zeigt sich das neue Haus erdverbunden und ist aus dem Hang heraus entwickelt. Mit einem kräftigen, viertelkreisförmigen Bogen nimmt es den Dialog mit seiner Umgebung auf.

Die radiale geometrische Gliederung des Grundrisses unterstreicht den Entwurfsgedanken eines sich strahlenförmig zur Aussicht hin öffnenden Raumgefüges. Als hervortretendes, charakteristisches Merkmal vermittelt die geschwungene facettierte Glasfassade zwischen innen und außen. Jedem Sektor des Grundrisses ist ein Landschaftsausschnitt mit See und Bergen zugeordnet. Wie ein Bild, das in einen breiten Rahmen gefasst ist, wird das Alpenpanorama in das Wohnerlebnis mit einbezogen – beim Rundgang eröffnen sich stets neue Ausblicke auf die Landschaft: Immer wieder fokussiert das Haus die sich hinter der Wasserfläche des Attersees erhebende grandiose Bergkulisse des Höllengebirges.

Ein glasgedeckter Erschließungsgang trennt die vorwiegend eingeschossige Wohnlandschaft von einer Nebenraumspange mit Garage im Nordwesten ab. Der viertelkreisförmige Wohntrakt wird im Sockelgeschoss durch einen überdeckten Freizeitbereich ergänzt, an den sich eine Sauna anschließt. Schräg geschnittene Stützmauern, an denen Zu- und Abgänge entlang führen, verankern den Bau im abschüssigen Gelände. Wenige Materialien mit edlen Oberflächen – hochwertiger Sichtbeton, Wachauer Marmor und radial verlegtes Eichenholzparkett – bestimmen zusammen mit den weiß verputzten Innenwänden die Wohnatmosphäre. Die sorgsame Planung findet in zahlreichen Details, wie etwa den flächenbündigen Türen und der indirekten Beleuchtung im Innen- und Außenbereich, ihre konsequente Fortsetzung und lässt zusammen mit den Kunstgegenständen, die zur Einrichtung des Hauses gehören, einen unverwechselbaren Raumeindruck entstehen.

Decken und Bodenplatte bestehen aus Ortbeton und bilden zusammen mit den Umfassungswänden eine Sichtbetonschale, die mit exakt gearbeiteter Oberfläche in Erscheinung tritt. Stumpf gestoßene, gehobelte Schalbretter wurden ohne Kunstgriffe, wie etwa Fugen- oder Dreikantleisten, verlegt. Wie sorgfältig und maßgenau die Ausführung hier sein musste, lässt sich an den präzisen Betonoberflächen ablesen. Eine Innendämmschale in Trockenbauweise stellt die Behaglichkeit der Aufenthaltsräume sicher: Da das Haus nicht durchgehend bewohnt wird, bietet diese Anordnung der Wärmedämmschichten den Vorteil einer kurzen Aufheizphase. Über drei Tiefbohrungen hat das Gebäude Anschluss an die Erdwärme und kann mittels einer Wärmepumpe beheizt werden. Eine durchgängige Fußbodenspeicherheizung wirkt dabei als Niedertemperatur-Strahlungsheizung und sorgt für ein angenehmes Raumklima. ◻

> GEBÄUDEDATEN
> Grundstücksgröße: 2 400 m²   > Wohnfläche: 230 m²   > Zusätzliche Nutzfläche: 60 m²   > Anzahl der Bewohner: 2   > Bauweise: Ortbeton mit gedämmter Innenschale
> Baujahr: 2007   > Heizwärmebedarf: 45 kWh/m²a

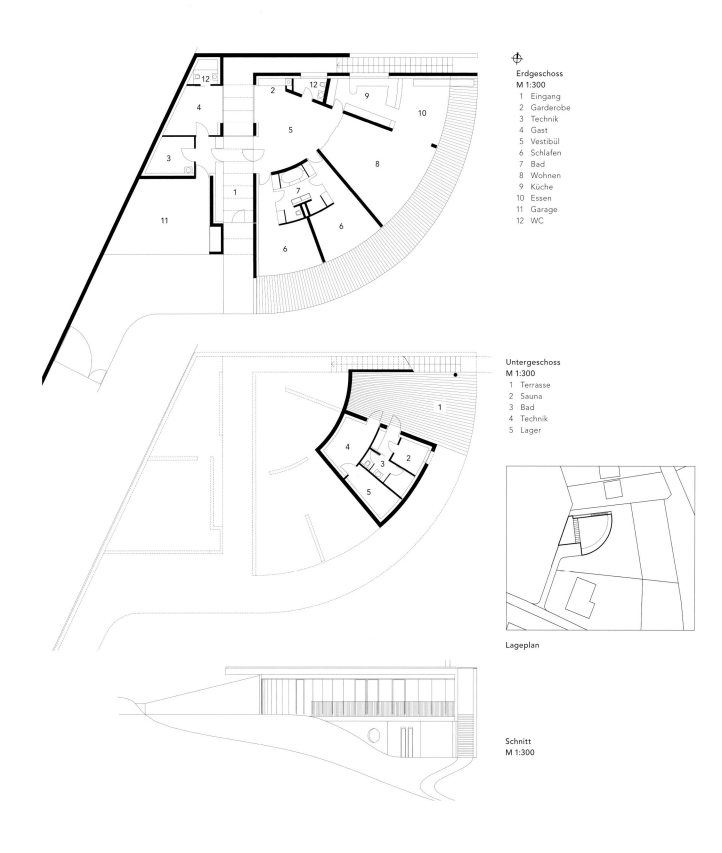

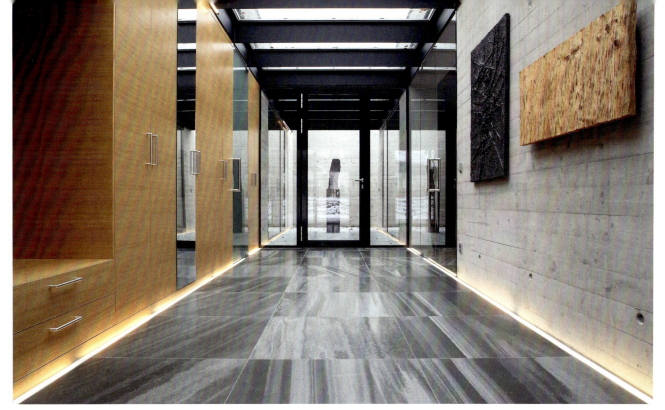

[1] Als glasüberdecktes Erschließungselement trennt die Eingangshalle den Wohnbereich vom Nebentrakt ab.

[2] Lichtdurchflutet und sich fächerartig in die Ferne öffnend präsentiert sich der Innenraum. Der Übergang vom Entree zum Wohnbereich wird auch im Wechsel der edlen Bodenbeläge aus Wachauer Marmor und einem radial verlegten Eichenparkett deutlich.

[3] Ein Bullauge stellt in der Sauna den Sichtkontakt ins Freie her.

[4] Der Kontur des Hauses folgend bildet eine kreissegmentförmige Terrasse den Übergang zur Landschaft und schließt fast nahtlos an die prismatisch präzise Glasfassade an.

> yes architecture, Marion Wicher   > Einfamilienhaus in Trofaiach

WOHNEN IN EINER WELLNESS-OASE

> Ein Eckgrundstück auf einem nach Süden hin abfallenden Hang am Rand der steirischen Ortschaft Trofaiach ist der Standort dieser „Redoute arrière" eines Unternehmers aus der Baubranche. Sonnig, verkehrsarm und naturnah gelegen, sollte dieses neue Domizil nach dem Auszug der Kinder Wellness- und Freizeitaktivitäten in das Lebensumfeld integrieren. Mit besseren Argumenten konnte die Architektin den Bauherrn, der bereits mit einem fertigen Baugesuch in der Tasche bei ihr eine zweite Meinung einholte, überzeugen: „Für mich war es nicht richtig, das Haus in die Ecke des Grundstücks zu stellen – da hat man weder genügend Freiraum noch die geschützte Privatheit." Mit dieser Überlegung konnte die Architektin die Bauherren überzeugen. Dem Wunsch nach größtmöglicher Privatheit entsprach sie mit einer U-förmigen Grundrissanordnung, die einen geschützten Innenhof umschließt und auf die Hanglage mit einem terrassenartig abgetreppten Baukörper reagiert.

In Serpentinen erklimmt die Erschließungsstraße den Hang und reicht mit einer Ausbuchtung im Osten nah an das Haus heran. Links und rechts der mittig angeordneten Garage befinden sich Gästeappartements. Auf diesem, mit horizontalen Lärchenholzbrettern verschalten Untergeschoss erhebt sich das Erdgeschoss als große Plattform über dem Terrain. Dadurch werden gleich zwei zentrale Wünsche des Bauherrn erfüllt: Zum einen ist der Außenbereich mit seiner L-förmigen Terrasse und dem Swimmingpool in das Wohnerlebnis miteinbezogen, zum anderen entsteht eine geschützte Binnenzone.

An einen großzügigen Vorraum mit Treppe schließen sich Küche, Essplatz und Wohnraum auf der östlichen Gebäudehälfte an. Den Trakt westlich des Treppenhauses nimmt eine Raumfolge ein, die dem Motto des Hauses als einer Oase für Wellness und Gesundheit voll und ganz gerecht wird: Sauna, Dusche, Dampfbad, Fitness- und Ruheraum verknüpfen sich hier in lockerer Folge zu einem veritablen Wellnessparcours. Über Schiebeelemente öffnen sich die Glaswände zur marmorgedeckten Terrasse und erweitern das Wohlfühlangebot um ein großzügiges Schwimmbecken, dessen Wasserspiegel einen ersten Horizont bildet. Über den Wasserspiegel hinweg reicht der Blick weit hinein in das Trofaiacher Becken am Südrand der Eisenerzer Alpen. Den krönenden Abschluss dieser Wohnlandschaft mit Wellness-Stationen bilden die Privaträume im Dachgeschoss: ein großzügiger Schlaftrakt mit separater Ankleide, geräumigem Bad und angrenzender Südterrasse. Im Westen wird die Abendsonne von einem weitgespannten Rahmen aus Stahlbeton gefasst, der als architektonisches Aperçu einen zusätzlichen Sichtschutz bringt und den Hof abschließt.

Die Leistungsfähigkeit des Werkstoffs Beton schafft hier die Voraussetzung für ein offenes, großzügiges Raumgefüge: Tragende Wände aus Stahlbeton und Ziegeln an den geschlossenen äußeren Umfassungswänden werden ergänzt durch schlanke Säulen an den voll verglasten, zum Hof hin orientierten Fassaden. Beton als tragender Baustoff verbirgt sich hinter weiß verputzten Oberflächen, die sowohl im Innen- als auch Außenraum für eine lichte Atmosphäre sorgen. Ausgesuchte Materialien – Naturstein als Terrassenbelag, Holzböden, Glas und Granit für die Innenausstattung – kommen vor diesem neutralen Hintergrund besonders gut zur Geltung. Als Niedrigenergiehaus konzipiert, wird das Gebäude mittels Erdwärmepumpen und Solarkollektoren energetisch versorgt. ❏

> GEBÄUDEDATEN
> Grundstücksgröße: 1 297 m²   > Wohnfläche: 320 m²   > Zusätzliche Nutzfläche: 150 m²   > Anzahl der Bewohner: 2   > Bauweise: Ortbeton und Ziegel mit Vollwärmeschutz
> Baujahr: 2007

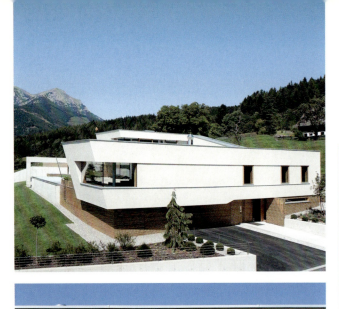

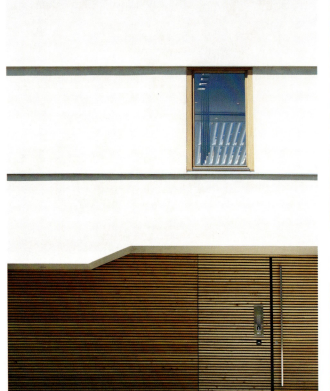

[1] Mit leicht geneigten Fassaden reagiert der Baukörper auf die Hanglage. Über eine deutliche Zäsur – einen räumlichen Versatz sowie den Wechsel von Holz zu Putz – ist das Obergeschoss vom Sockelgeschoss getrennt.

[2] Mit wenigen Öffnungen präsentiert sich der Rücken des U-förmigen Hauses zur Straße hin.

[3] Das Ziel, den Innenraum zum Außenraum zu machen, gelang hier in einer überzeugenden Neuinterpretation des Hofhauses: In einer mäanderförmigen Bewegung umfasst die raumhohe Glasfront den Freibereich mit marmorgedeckter Terrasse und eingelassenem Swimmingpool.

[4] Wie sehr es gelungen ist, die Aussicht auf die Landschaft in das Wohnerlebnis zu integrieren, zeigt dieser Blick in den Wohnraum.

[5] Das Bad bietet nicht nur den Luxus eines großzügigen Raums – es profitiert mit einer Übereckverglasung auch vom fantastischen Landschaftspanorama.

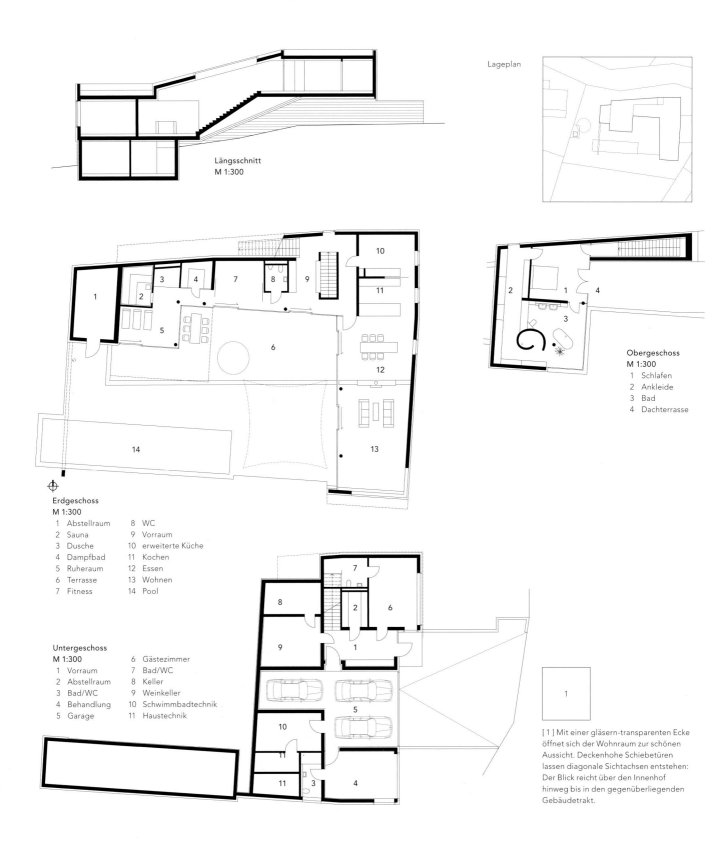

> cavegn architektur > Einfamilienhaus in Vella

CHALET KONKRET

> Mit seiner prägnanten Kubatur an ein Chalet erinnernd, sucht dieses Haus den Bezug zu traditionellen, ortsüblichen Bauformen. Zugleich hebt es sich mit einer eigenen, zeitgemäßen Architektursprache deutlich von seiner Umgebung ab. Das Grundstück liegt am Ortsrand von Vella, auf einer Höhe von 1244 Metern über dem Meer, und grenzt unmittelbar an eine Landschaftsschutzzone an. Das Haus öffnet sich einerseits zur Natur, andererseits bietet es seinen Bewohnern eine die Privatsphäre wahrende, schützende Hülle. Stahlbeton als widerstandsfähiges Material bildet zugleich die Trag- als auch die Fassadenkonstruktion und trägt zusammen mit der volumetrischen Ausbildung des Baukörpers zum reduzierten, massigen Erscheinungsbild bei. „Der Ortbeton ist mit der rauen Berglandschaft kohärent", erläutert der Architekt. Und tatsächlich scheint das Haus durch seine mineralische Außenschale mit der umgebenden Berglandschaft verwachsen zu sein.

Beton ist ein ambivalentes Material, das einerseits vollkommen natürlich ist, andererseits aber höchste Künstlichkeit verkörpert. Daher scheint er gerade in einer Umgebung, die von den gesteinsbildenden Kräften der Natur und zugleich von ihrer Erosion geformt wurde, ein besonders sinnfälliger Baustoff zu sein. Dies mag daran liegen, dass die Natur selbst in der Lage ist, Beton herzustellen: Runde Kiesel, eingelagert in ein mineralisches Bindemittel, kommen als Naturstein mit der Bezeichnung „Konglomerate" vor. Gesteine, deren Bestandteile als eckige oder scharfkantige Körnung in eine mineralische Matrix eingebettet sind, nennt man „Brekzien". Lagerstätten für diese „natürlichen Betone" finden sich im Gebirge in Form verfestigter Füllungen in Klüften und Spalten oder als erhärtete Schwemmkegel am Ufer reißender Flüsse. Die Zertrümmerung des Gesteins und das erneute Zusammenfügen seiner Bestandteile kann man deshalb auch als eine von der Natur entlehnte Bautechnik verstehen.

Bauen mit Beton ist demnach nichts anderes, als die in der Natur bereits vorhandenen bildenden und bindenden Kräfte bestimmter Gesteine für die Zwecke des Menschen nutzbar zu machen. Der Reiz dieses Chalets ist ganz und gar mit dem Material Beton verbunden und leitet sich von dessen Bipolarität ab, die ein Spannungsfeld zwischen Künstlichem und Natürlichem definiert.

Das Innere des Hauses steht im Gegensatz zur harten, spröden Außenschale: Glatte Oberflächen, weiß verputzte Wände, lärchenholzgerahmte Fenster und natürliche Bodenbeläge bestimmen den Raumeindruck. Bergseits wird das Gebäude im ersten Obergeschoss von einem Feldweg aus erschlossen, der sich auf der Nordseite zu einer Vorfahrt aufweitet. Von hier aus gelangt man über ein großzügiges Vestibül zu den Privaträumen der Familie. Der Wohnbereich liegt eine Etage tiefer im Hanggeschoss und öffnet sich mit einer deckenhohen Glasfront nach Süden zu einer Bergwiese. Die vorgelagerte Terrasse wird durch das weit auskragende Obergeschoss überdacht, das als Sonnen- und Witterungsschutz zugleich dient. Auf der Hangseite schiebt sich der Wohnraum in die Mulde der Bauparzelle hinein und bietet einen vor Einblicken gut geschützten Rückzugsbereich. Ein breites Panoramafenster stellt den Sichtkontakt zur grünen Wiesenlandschaft ringsum her.

Wohnqualität entsteht hier durch die Beschränkung auf das Wesentliche sowie eine sorgfältig an der jeweiligen Funktion orientierte Materialwahl. Diese findet in der individuellen Plastizität des skulptural geformten Baukörpers mit seinen rauen, widerstandsfähigen Sichtbetonfassaden einen überzeugenden Ausdruck. ◻

> GEBÄUDEDATEN
> Grundstücksgröße: 626 m²   > Wohnfläche: 150 m²   > Zusätzliche Nutzfläche: 35 m²   > Anzahl der Bewohner: 5   > Bauweise: Ortbeton als Sichtbeton mit Innendämmung
> Baujahr: 2007   > Baukosten pro m² Wohn- und Nutzfläche: 2 400 Euro   > Eigenleistung: –   > Baukosten gesamt: 450 000 Euro   > Heizwärmebedarf: 82,78 kWh/m²a

Lageplan

Längsschnitt
M 1:200

Erdgeschoss
M 1:200
1 Kochen
2 Essen
3 Wohnen
4 Einbauschrank
5 WC
6 Lager
7 Technik
8 Hauswirtschaft
9 Terrasse

Obergeschoss
M 1:200
1 Vorfahrt
2 Abstellraum
3 Eingang
4 Bad
5 Eltern
6 Kind
7 Aufenthaltsraum

[1] Mitten in der Bergwelt des Bündner Oberlands fügt sich dieses massive Betonhaus mit Reminiszenzen an traditionelle Bauformen in seine Umgebung ein.

[2] Auf der Südseite schließt sich eine Terrasse an die vollverglaste Wohnküche im Erdgeschoss an. Sie wird durch das auskragende Obergeschoss wirksam vor Sonneneinstrahlung und ungünstiger Witterung geschützt.

[3] Eine schlanke Stahlstütze zwischen Küche und Essplatz erlaubt es, die Fassade über die gesamte Breite des Hauses zu öffnen.

> Rainer Köberl, Paul Pointecker > Atriumhaus am Rorschacher Berg

SCHWARZE SCHALE, HELLER KERN

> An einem Nordhang am Rorschacher Berg, auf der Schweizer Seite des Bodensees, entstand dieses Hofhaus als neues Domizil für eine sechsköpfige Familie. Neben einer Einliegerwohnung im Untergeschoss ist in dem Gebäude auch ein Bürobereich mit fünf Arbeitsplätzen untergebracht. Der freie Blick über den Bodensee gehört zu den besonderen Vorzügen des Grundstücks und wiegt den Nachteil seiner Nähe zur lärmenden Autobahn mehr als auf. Beide Einflüsse spiegeln sich im Entwurf wider: Einerseits öffnet sich das Haus zur Aussicht, andererseits verschließt es sich als Atriumbau vor seiner Umgebung und lässt eine geschützte Binnenzone entstehen.

Über den Eingang im Untergeschoss gelangt man direkt in die Kernzone des Hauses, die unterhalb des Atriums liegt. Einfallendes Tageslicht erhellt eine elegante Mittelholmtreppe mit aufgesattelten Holzstufen, die zur Wohnung der Familie im Obergeschoss führt. Rund um das Atrium ist das Familienleben in zwei Raumspangen organisiert, wobei eine offene Küche den Ess- und Wohnraum im Norden mit den nach Süden orientierten Kinderzimmern verbindet. Deckenhohe Glasfassaden umgeben das Atrium und lassen diagonale Blickachsen zwischen den einzelnen Gebäudetrakten entstehen.

Die helle und freundliche Wohnatmosphäre der Innenräume wird durch Sichtbetonoberflächen, deren Textur an natürlich gewachsenen Sandstein erinnert, vollendet. Edles Holz für Einbauten und Fußbodenbeläge – Eiche im Wohnraum, Akazie in den Nassräumen, Zeder für das Atrium – sowie Fensterrahmen, die innen aus Lärchen- und außen aus Eichenholz sind, kontrastieren mit den Sichtbetonflächen an Wänden und Decken. Die Privaträume der Eltern liegen im Dachgeschoss: Sie bilden einen in sich abgeschlossenen Bereich und sind als zurückgesetzte Raumspange über dem Wohnraum angeordnet, sodass auf der Nordseite eine Aussichtsterrasse entsteht.

Mit wenigen, aber sehr wirkungsvollen Maßnahmen gelang es den Architekten, die störenden Einflüsse der Autobahn weitestgehend auszublenden und den Fokus auf die Aussichtsqualitäten des Grundstücks zu legen: So kann das Atrium auf der Westseite mit einem großen Schiebeelement, das mit Doppelstegplatten verkleidet ist, je nach Bedarf geöffnet oder verschlossen werden, während die Festverglasung des Wohnraums die Schönheit der Landschaft wie auf einer Breitbildleinwand nach innen projiziert. Die Nähe zur Autobahn bestimmt auch die konstruktive Ausbildung der Gebäudehülle, die als wärmedämmende und schallschluckende Schale aus Foamglas das Tragwerk aus Spannbeton vollständig umhüllt. Als Wetterhaut und als Rankgrund für den zukünftigen Bewuchs der Fassaden dient eine schwarze Acryl-Spachtelmasse, die auf die Dämmschicht aufgetragen wurde. Begrünte Dachflächen und schwarz lackierte, gelochte Wellbleche auf der Südseite des Dachgeschosses sollen ebenfalls dazu beitragen, störende Verkehrsimmissionen zu reduzieren.

„Glück im Unglück" habe man gehabt und „aus der Not eine Tugend gemacht", so schildert der Architekt die Folgen eines Schwelbrands, der kurz vor der Übergabe sämtliche Einbauten des Hauses und die Betonwände zunichte machte: „Alles schwarz – was tun?" Zum Glück war der Schaden versichert und der Bauherr wusste sich als Inhaber eines Unternehmens für Gebäudereinigung zu helfen: Den geschwärzten Sichtbeton ließ er sandstrahlen. „Das Ergebnis sind samtige Betonoberflächen im Innern, die wie feinster Sandstein aussehen und eine fugenlose Fläche für Decken und Wände bilden." ◻

> GEBÄUDEDATEN

> Grundstücksgröße: 1 294 m² > Wohn- und Nutzfläche: 317 m² > Anzahl der Bewohner: 6 > Bauweise: Ortbeton mit Außendämmung > Baujahr: 2007
> Baukosten pro m² Wohn- und Nutzfläche: 1 250 Euro netto > Eigenleistung: – > Baukosten gesamt: 520 000 Euro > Heizwärmebedarf: 46,2 kWh/m²a

[1] Zur Straße hin gibt sich das Haus relativ verschlossen: Die schwarze Außenhaut – eine Acryl-Spachtelmasse, die auf eine Wärmedämmschicht aus Foamglas aufgebracht wurde – bestimmt das Fassadenbild und dient zugleich als Rankgrund.

[2] Der Eingang liegt im Souterrain. Vom großzügig angelegten Entree führt eine elegante Mittelholmtreppe in die Wohnebene.

[3] Küche, Ess- und Wohnbereich bilden eine offene Raumfolge, die sich um das zentrale rundum verglaste Atrium gruppiert.

[1] In Streifen geschnittenes Edelholz als Fußbodenbelag und schwarze Wellblechtafeln als Fassadenbekleidung bestimmen zusammen mit den transparenten Teilen der Fassade aus Glas und Kunststoff den bewusst artifiziellen Charakter des Atriums.

[2] Sandgestrahlter Sichtbeton und Oberflächen aus Edelholz kleiden die Nasszellen aus.

[3] Deckenhohe Glasfronten öffnen den Wohnbereich zum Atrium auf der einen, zur Landschaft auf der anderen Seite. Der Raum ist mit wenigen, ausgesuchten Einrichtungsgegenständen zurückhaltend möbliert – nichts soll hier vom Naturerlebnis ablenken.

Lageplan

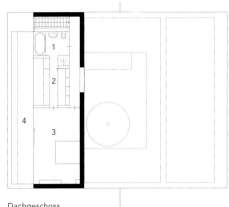

Dachgeschoss
M 1:300
1 Bad
2 Ankleide
3 Eltern
4 Terrasse

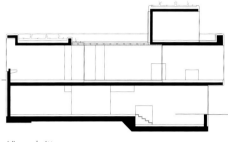

Längsschnitt
M 1:300

Erdgeschoss
M 1:300
1 Küche
2 Essen
3 Wohnen
4 Feuerstelle
5 Atrium
6 Bad
7 Kind

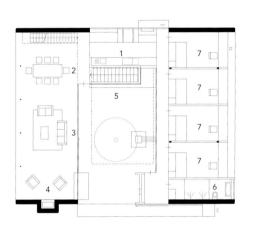

Längsschnitt 2
M 1:300

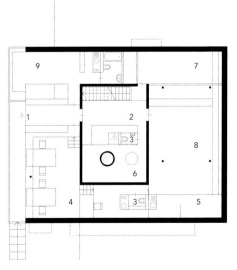

Untergeschoss
M 1:300
1 Eingang
2 Diele
3 WC
4 Büro
5 Archiv
6 Fitness
7 Haustechnik
8 Keller
9 Einliegerwohnung

> gus wüstemann architects   > Villa bei Zürich

ARKADIEN AM ZÜRICHSEE

> Die Uferzonen des Zürichsees gehören zu den schönsten Wohnlagen der Schweiz – weniger attraktiv hingegen ist das Konglomerat aus konventionellen Einfamilienhäusern und protzigen Wohnbauten, das sich an den Hängen ausbreitet. Inmitten dieser heterogenen Bebauung nimmt die Villa sehr selbstbewusst ihren Platz ein und schafft ein Gegengewicht zur architektonischen Mittelmäßigkeit ringsum. Das äußere Erscheinungsbild ergibt sich aus der inneren Gliederung des Hauses, in dem das Familienleben auf drei Ebenen organisiert ist. In äußerster Klarheit und Einfachheit treten die Formen des kubischen Baukörpers hervor, der mit einem zurückgesetzten Staffelgeschoss seinen oberen Abschluss findet.

Kommunikatives Zentrum bildet die offene Wohnlandschaft in der mittleren Ebene: Der fließende Raum findet allein in dem Treppenlauf auf der Schmalseite, in der gegenüberliegenden Küchenzeile mit Podest sowie in dem Kamin, der als Eckelement Teil des Tragwerks ist, eine visuelle Begrenzung. Auf der Seeseite lassen sich die raumhohen Glasfronten komplett zur Seite schieben. „Man lebt buchstäblich draußen", beschreibt der Architekt das Konzept der beweglichen Wände, die vollkommen rahmenlos ausgebildet sind und die Grenzen zwischen innen und außen verschwinden lassen. Gläserne Brüstungen sorgen für Blicktransparenz, sodass man die Aussicht aufs Wasser und das faszinierende Naturschauspiel, das sich hier im Wechsel der Tages- und Jahreszeiten stets auf Neue inszeniert, ungehindert genießen kann. Über dem Wohnraum befindet sich der private Rückzugsbereich der Eltern, die Kinder haben ihr eigenes Reich im Hanggeschoss, von dem aus sie ebenerdig in den Garten gelangen. Der klaren, geradlinigen Architektur entspricht das reduzierte Farb- und Materialkonzept, das die Beschränkung auf das Wesentliche in geradezu luxuriöser Weise zelebriert.

Der radikalen Öffnung des Hauses auf der Seeseite steht die Geschlossenheit der Fassade an der Zufahrtsseite gegenüber: Zur Straße und zu den Nachbarn hin schirmt sich das Haus sichtlich ab. Transluzente Kunststoffelemente aus Polycarbonattafeln, die bei Nacht effektvoll beleuchtet werden, lassen diffuses Licht in den Wohnbereich fallen und bilden einen wirkungsvollen Schutz vor Einblicken. „Ich will Industriematerialien in einem neuen Kontext zeigen", erläutert der Architekt. Die Idee der Hierarchielosigkeit der Werkstoffe bringt er zum Ausdruck, indem er wie hier beispielsweise preiswertes Industriematerial verwendet und gleichberechtigt neben edle Materialien wie Marmor oder Tropenholz stellt.

Angesichts der außergewöhnlichen Architektur dieses Hauses erscheint der programmatische Satz von der Form, die der Funktion folgt, überholt. Hier tritt die Funktion hinter der Form zurück: In einer radikalen Reduktion auf wenige raumbildende Elemente wird das Element selbst zum Träger unterschiedlicher Funktionen. Dies gilt beispielsweise für die Kochzeile, die sich in einem kompakten schwarzen Block verbirgt, der sich mithilfe von Schiebeelementen im Handumdrehen in eine Hightech-Werkbank verwandeln lässt. Auch der große Kamin fungiert nicht allein als Wärmespender: Er dient zugleich als Eckpfeiler und übernimmt damit eine wichtige statische Funktion für die Tragkonstruktion des Hauses. Als Betonskulptur ist die große Freitreppe mehr Tribüne als Treppe – sie stellt eine großzügige Verbindung zwischen Wohnraum und Garten her.

In der archaischen Einfachheit und Perfektion von Form und Oberfläche offenbart sich hier nicht nur eine reizvolle Mehrdeutigkeit, sondern auch der Traum von einem Arkadien als irdisches Paradies. ◻

> GEBÄUDEDATEN
> Grundstücksgröße: 954 m²   > Wohnfläche: 290 m²   > Zusätzliche Nutzfläche: 80 m² Nebenräume / 180 m² Terrassen   > Anzahl der Bewohner: 4
> Bauweise: Ortbeton mit Vollwärmeschutz   > Baujahr: 2008

1	3	
2		4

[1] Mit deckenhohen Glasschiebetüren öffnet sich der Wohnbereich auf den umlaufenden Balkon. Reduziert auf einen schwarzen Block wirkt die Kochzeile wie ein elegantes Möbelstück.

[2] Ein offener Kamin bildet den Schlusspunkt der elf Meter langen Glasfront aus Schiebeelementen und dient zugleich als vertikales Tragelement.

[3] Eine breite Freitreppe führt vom Obergeschoss direkt zum Pool.

[4] Glasscheiben als Brüstungselemente heben die raumbildende Wirkung eines Geländers auf und sorgen für Blicktransparenz.

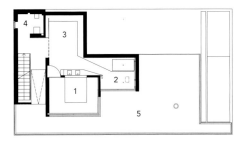

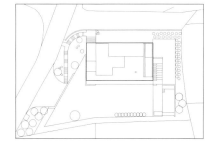

Dachgeschoss
M 1:300
1 Eltern
2 Bad
3 Ankleide
4 WC
5 Terrasse

Lageplan

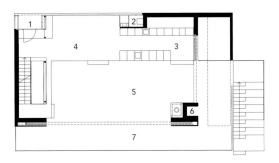

Obergeschoss
M 1:300
1 Eingang
2 WC
3 Kochen
4 Essen
5 Wohnen
6 Kamin
7 Terrasse

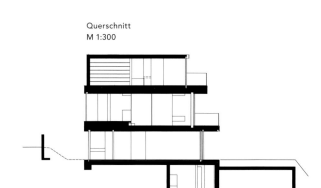

Querschnitt
M 1:300

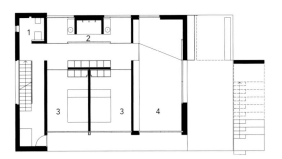

Erdgeschoss
M 1:300
1 WC
2 Bad Kinder
3 Kind
4 Wohnen

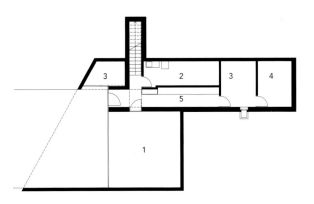

Untergeschoss
M 1:300
1 Garage
2 Hauswirtschaft
3 Lager
4 Technik
5 Flur

[1] Der Eingangsbereich lässt wie in einer Ouvertüre entwurfsbestimmende Materialien und Oberflächen anklingen: Sichtbeton, Glas, Profilplatten aus Kunststoff sowie Putz und Schleiflack. Die transluzenten Polycarbonattafeln sind bei Nacht effektvoll illuminiert, ohne etwas vom Innenleben des Hauses preiszugeben.

> Novaron > Generationenhaus in Diepoldsau

ALLES IM KASTEN

> Diepoldsau liegt im Rheintal bei St. Gallen, in unmittelbarer Nähe eines wertvollen Naherholungs- und Naturschutzgebiets, das sich seit dem Diepoldsauer Rheindurchstich 1923 zwischen dem alten und neuen Rhein entwickelt hat. Die lang gestreckte Parzelle in einem Neubaugebiet gab die Form des schlichten Baukörpers vor, dessen Äußeres eine großzügige und elegante Anmutung haben sollte. Die Verwendung edler Materialien und die Verwirklichung zeitgemäßer Wohnideen im Innern waren weitere Planungsziele für dieses Generationenhaus: Es wird von der Architektenfamilie gemeinsam mit der Großmutter – für die ein separates Appartement vorgesehen wurde – bewohnt. Auch der Garten ist in verschiedene Bereiche unterteilt, getrennte Freisitze sichern jeder Partei genügend Privatsphäre und stellen direkte Bezüge zum Außenraum her.

Die Aufenthaltsräume im Erdgeschoss sind alle auf den Garten orientiert, wobei sich die Einliegerwohnung übereck sowohl nach Südwesten als auch nach Südosten zum Außenraum öffnet. Im Familienhaus sind ein Kinder- und ein Gästezimmer ebenerdig an den Freibereich angeschlossen. Vom Eingang gelangt man über eine gewendelte Betontreppe mit Oberlicht zu den Privaträumen der Eltern und in eine offene Wohnlandschaft, an die sich im Südwesten eine überdachte Terrasse anschließt. Deckenhohe Glasschiebetüren führen auf die vorgelagerte Loggia, in die ein kleines Schwimmbassin integriert ist, das die Wohnatmosphäre um einen weiteren Wohlfühlaspekt bereichert. Als raumbegrenzende Elemente setzen sich Dach, Wand und Boden einschließlich der lang gezogenen Öffnung in der Außenwand auf der Loggia fort, sodass sich Innen und Außen auch optisch zu einer Einheit verbinden. Kreisrunde Oberlichter durchbrechen die Stahlbetondecke und versorgen den Freisitz mit zusätzlichem Tageslicht.

Die mächtigen Außenwände sind als 50 Zentimeter dickes Einsteinmauerwerk ausgebildet und bieten neben dem notwendigen Wärmeschutz auch den Vorteil eines behaglichen Raumklimas. Die Leistungsfähigkeit und Oberflächenpräzision des Stahlbetons wurde bei den Decken, der Treppe und vor allem bei der Realisierung des Pools über der Garage genutzt. Die sichtbar belassenen Oberflächen des Ortbetons prägen die Atmosphäre der Innenräume und machen die hochwertige Ausführung an den dezenten Abdrücken der Schalung ablesbar. Zum hellen Grau des Sichtbetons tritt ein elegantes Cremeweiß, das nicht nur für den Außenputz, sondern auch für die Innenwände und Einbauten eingesetzt wurde. Abgerundet wird diese reduzierte Palette der Materialien und Oberflächen durch geöltes Eichenholz für den Parkettboden sowie die Schreinerarbeiten.

Das Haus besticht durch sein funktionsgerechtes Materialkonzept, bei dem die Baustoffe jeweils gezielt und entsprechend ihren spezifischen Leistungsparametern verwendet wurden. Der kompakte Baukörper mit gut isolierten Umfassungsflächen aus Mauerwerk und wärmegedämmtem Stahlbeton lässt sich mit relativ geringem Aufwand thermisch konditionieren. Die Beheizung des Gebäudes erfolgt über eine Erdsonde mit Wärmepumpe. Zur Heizungsunterstützung und Brauchwassererwärmung wurde zudem eine solarthermische Anlage mit Vakuumröhrenkollektoren eingebaut.

Bei diesem Generationenhaus zeigt sich eine nachhaltige Form moderner Architektur, in der das Material Stahlbeton die Voraussetzungen zur Verwirklichung extravaganter Raum- und Wohnideen schafft. „Beton ist für mich das Material der unbegrenzten Möglichkeiten", so bringt es der Architekt auf den Punkt. Beim Film würde man sagen: „Alles im Kasten." □

> GEBÄUDEDATEN
> Grundstücksgröße: 820 m²   > Wohnfläche: 280 m²   > Zusätzliche Nutzfläche: 90 m²   > Anzahl der Bewohner: 3 plus 1 (Einliegerwohnung)
> Bauweise: Ortbeton und einschaliges Mauerwerk   > Baujahr: 2007   > Baukosten pro m² Wohn- und Nutzfläche: 1 200 Euro   > Eigenleistung: –

1	
2	
3	4

[1] Mit makellos weißer Putzfassade tritt das Haus aus seiner Umgebung hervor. Akzentuiert gesetzte Fensteröffnungen beleben den in sich ruhenden, quaderförmigen Baukörper.

[2] In der Schrägansicht wird die Materialstärke der Außenwände deutlich.

[3] Eine durchlaufende Stahlbeton-Flachdecke überdacht die Terrasse mit Sitzplatz und Pool: Sie schließt sich, nur durch eine Glaswand getrennt, an den Essbereich mit Küche an.

[4] Die Kombination von schalungsrauem Sichtbeton, weißen Einbauschränken und dunklem Eichenholzparkett sorgt in der Küche für spannungsvolle Materialkontraste.

Lageplan

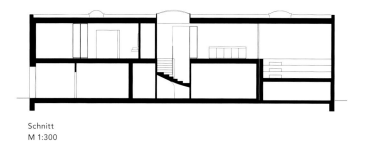

Schnitt
M 1:300

Obergeschoss
M 1:300
1 Pool
2 gedeckte Terrasse
3 Kochen
4 Essen
5 Wohnen
6 Bibliothek
7 Schlafen
8 Bad
9 WC

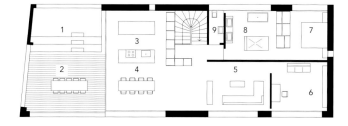

Erdgeschoss
M 1:300
1 Garage
2 Pooltechnik
3 Arbeiten/Technik
4 Zimmer
5 Garderobe
6 Einlieger/Bad
7 Einlieger/Schlafen
8 Einlieger/Wohnen
9 Geräte
10 WC/Dusche

> laurent savioz architecte > Wohnhaus mit Atelier und Kunstgalerie in Chamoson

SYMBIOSE VON ALT UND NEU

> Chamoson liegt auf einem mineralienreichen Schwemmkegel der Losentse auf der rechten Seite des Rhonetals, am Fuß der steil aufragenden Walliser Alpen. Der Ort ist heute eine der größten Weinanbaugemeinden der Schweiz und gehört zum französischsprachigen Teil des Kantons Wallis. Das aus Bruchsteinen gemauerte Haus steht vor der Kulisse einer imposanten Felswand. Seit 1814 war es in mehreren Etappen gebaut und erweitert worden und diente als ländliche Unterkunft. Der massive Bau fügt sich aus drei ineinander geschachtelten Volumen zusammen, die sich jeweils auf unterschiedlichen Höhenniveaus aneinanderschließen.

Der Erwerb des Grundstücks bot den Bauherren Gelegenheit, das verwahrloste Gehöft zu einem Wohnhaus mit Atelier und Kunstgalerie zu nutzen. Der Umbau erfolgte ohne Veränderung des äußeren Volumens. Die charakteristischen Steinfassaden und die vorhandenen Öffnungen blieben erhalten, nur ein paar weitere, größere Fenster kamen neu hinzu und geben nun den Blick auf das beeindruckende Felsmassiv frei. Dort, wo früher eine Holzschalung den Übergang vom Mauerwerkssockel zum Ortgang herstellte, ergänzt heute Beton mit einer ausdrucksvollen sägerauen Brettschalung die Konturen der Baukörper.

Im Innern wurden einige Wandscheiben eingezogen, um das Haus seiner neuen Funktion anzupassen. Die Ergänzungen sind sorgfältig eingefügt, die glatten Betonoberflächen stehen in reizvollem Kontrast zur Lebendigkeit der gemauerten Bruchsteinwände und machen die erdverbundene Schwere des Hauses spürbar. Der archaischen Einfachheit des äußeren Erscheinungsbilds entspricht auch der zurückhaltend schlichte Innenausbau: Wenige neu hinzugekommene Materialien – polierter Estrich als Fußbodenbelag und Holz für die Kücheneinbauten – runden das kontrastreiche Konzept ab. Bereits vorhandene und nachträglich präzise in das Mauerwerk eingeschnittene Fensteröffnungen stellen den Bezug zur Landschaft her. Um den Unterschied zwischen Alt und Neu deutlich zu machen, wurden die zusätzlichen Fenster flächenbündig in die Außenmauern eingesetzt. Im Innern ergeben sich dadurch reizvolle Nischen, die als Sitz- und Ablageflächen dienen. Durch eine Öffnung im Dach fällt das Licht auch von oben in den Schlafraum auf der Galerie. Das Haus wirkt nach dem Umbau erstmals hell und freundlich. Der Charme der verwinkelten Innenräume mit ihren behaglichen Nischen und Ecken macht den besonderen Reiz dieser ungewöhnlichen Immobilie aus.

Sämtliche Außenwände wurden mit einem speziellen isolierenden Dämmbeton aufgedoppelt, um den notwendigen baulichen Wärmeschutz sicherzustellen. Dieser Dämmbeton besitzt unzählige hermetisch gegeneinander abgeschlossene luftbefüllte Zellen, die als Zuschlag aus feinporigem Blähgas in seinen Aufbau gelangen. Aus seiner hohen Porosität resultiert der gute Dämmwert, sodass zusätzliche Isolationsschichten nicht erforderlich waren. Trotz seines geringen Gewichts ist der Beton hart und tragend, dank seiner günstigen bauphysikalischen Eigenschaften bietet er zahlreiche Gestaltungsmöglichkeiten. Zusammen mit einer kontrollierten Wohnraumlüftung mit Wärmerückgewinnung erreicht dieses Haus, das ohne Heizkörper auskommt, den Minergie-Standard. Thermische Solarkollektoren auf dem Dach decken rund 35 Prozent des Energiebedarfs für Heizung und Brauchwassererwärmung ab.

Dank der Initiative der Bauherren und des Know-how des Architekten ist es hier gelungen, ein verlassenes Gehöft wiederzubeleben und in ein zeitgemäßes Wohnhaus zu verwandeln, das den hohen bauphysikalischen Anforderungen der Gegenwart entspricht und in seiner malerischen, landschaftstypischen Bauweise weiterhin das Auge des Betrachters zu erfreuen vermag. □

> GEBÄUDEDATEN
> Grundstücksgröße: 318 m²   > Wohnfläche: 380 m²   > Zusätzliche Nutzfläche: 258 m²   > Anzahl der Bewohner: 2   > Bauweise: Leichtbeton und Bruchsteinmauerwerk
> Baujahr: 2005   > Heizwärmebedarf: 43,7 kWh/m²a   > Primärenergiebedarf: 73,7 kWh/m²a

| 1 | 3 | 4 |
| 2 | | 5 |

[1] Erdverbunden und rustikal fügt sich das Gehöft wie eh und je vor beeindruckender Bergkulisse in die Landschaft. Die neuen Elemente sind auf den ersten Blick kaum zu erkennen.

[2] Gleich neben dem Eingang liegt die Küche mit Anschluss zum Wohn- und Essraum.

[3] Wie eine Reminiszenz an die einst vorhandene Holzschalung wirken die Ergänzungen aus Sichtbeton mit ihrer vertikalen Struktur.

[4] Die Innenräume bestechen durch die präzise ausgeführten Betonoberflächen sowie den reizvollen Kontrast alter und neuer Baumaterialien.

[5] Das vorhandene Ensemble aus ineinander geschachtelten Baukörpern auf unterschiedlichen Niveaus blieb erhalten.

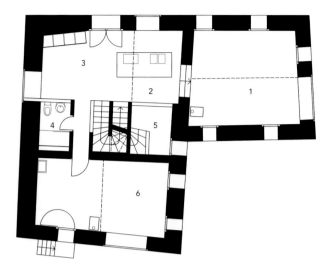

Obergeschoss
M 1:200
1 Wohnen/Essen
2 Kochen
3 Büro
4 WC/Dusche
5 Luftraum
6 Atelier

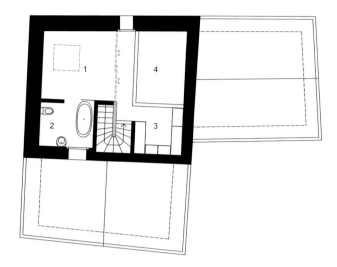

Dachgeschoss
M 1:200
1 Schlafen
2 Bad
3 Ankleide
4 Luftraum

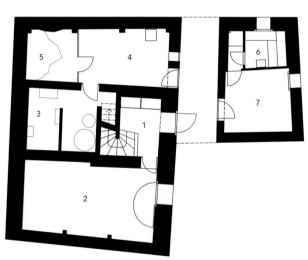

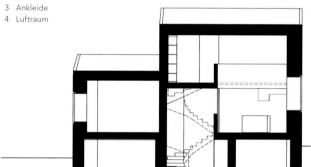

Querschnitt
M 1:200

Erdgeschoss
M 1:200
1 Eingang
2 Kunstgalerie
3 Technik
4 Keller
5 Weinkeller
6 Sauna
7 Fitness

Lageplan

[1] Neue, bündig in die Außenwand eingesetzte Fenster bieten abwechslungsreiche Ausblicke in die Landschaft und versorgen das Innere mit ausreichend Tageslicht.

> Ken Architekten > Einfamilienhaus in Möriken

BEWOHNBARE BETONSKULPTUR

> Traufständige Wohnhäuser prägen als Straßenrandbebauung den Ortsrand von Möriken im Aargau. Der Neubau, ein skulpturaler Betonkubus mit Flachdach, durchbricht das Muster der vorgegebenen Siedlungsstruktur und nimmt seinen Platz außerhalb der Reihe, auf dem der Straße abgewandten Teil des Grundstücks ein. Durch das Ausscheren des Baukörpers entsteht einerseits ein großzügiger Vorplatz auf der Straßenseite, andererseits wird die im Süden unmittelbar an das Grundstück angrenzende, unverbaubare landwirtschaftlich genutzte Fläche Teil des eigenen Gartens.

Das Haus setzt sich in jeder Beziehung von seiner Umgebung ab – auch Architektur- und Formensprache sind radikal anders, was sich schon bei der Gartengestaltung zeigt. Als müsse man es unverschieblich mit dem Grundstück verbinden, ist das Haus in ein Netzwerk eingebunden: Ein leicht aus dem Terrain herausragendes Betonraster überzieht das gesamte Areal und lotet das Grundstück in seiner Tiefe aus. Diese horizontale Betonstruktur vermittelt zwischen der Landschaft, der Straße und dem Gebäude. Zwischen den Rippen, die auch als Wegenetz dienen, entstehen unterschiedliche Zonen, die als Pflanz-, Spiel- und Parkflächen dienen. In vertikaler Fortsetzung des Betonrasters erhebt sich das Haus als Komposition aus zwei winkelförmigen, versetzt zueinander angeordneten Sichtbetonschalen. Der quaderförmige Bau ist an den gegenüberliegenden Ecken aufgeschnitten, sodass Öffnungen zur Belichtung der Innenräume entstehen.

Das Erdgeschoss beinhaltet eine offene Essküche und einen großzügigen Wohnbereich mit Nebenräumen, während das Obergeschoss eine Untergliederung in drei gleich große Privaträume aufweist. Die unterschiedliche Orientierung der Zimmer sorgt für eine differenzierte Raumwirkung im Innern – mal liegt der Fokus auf der Landschaft, mal auf dem nahe gelegenen Schloss Wildegg.

Mit äußerster Präzision schließen die Glaswände als komplementäre Winkel den Baukörper ab und trennen mit feinen Fugen die niveaugleich liegenden Außenräume vom Innern. Das Thema des ebenengleichen Übergangs bezieht sich auch auf die Wände, bei denen eine wärmegedämmte Innenschale ohne Versatz an die außen liegenden Wand- und Deckenflächen anschließt: Der Übergang ist lediglich als Materialwechsel mit einer haarfeinen, präzisen Fuge zwischen Sichtbeton außen und Kalkputz innen ablesbar. Überkragende Dachscheiben und Wandpartien sorgen darüber hinaus für einen feststehenden Sonnenschutz, der bedarfsweise durch raumseitige Vorhänge ergänzt wird. Fensterrahmen, Türen sowie ein Bodenbelag aus Linoleum sind in Schwarz gehalten und treten als monochrome Oberflächen vor dem natürlichen Farbspiel der Landschaft zurück. Die raumhohen, mit prismatischer Scharfkantigkeit ausgebildeten Glasflächen, die in den Betonkubus eingelassen sind, inszenieren die Ausblicke in die Natur. Trotz der harten Oberflächen verfügt das Haus aufgrund eines in die Decken integrierten Dämmsystems über eine angenehme Raumakustik.

Abstrakt und skulptural erscheint das Äußere mit seinen eleganten, messerscharf geschalten Sichtbetonflächen, die eine spezielle Behandlung erfuhren: Eine mehrschichtige Acryllasur mit Metallpigmenten lässt die Sichtbetonflächen je nach Lichteinfall glänzen und in ihrer Farbigkeit zwischen Silber, Grau und Gold changieren. Die reflektierenden Oberflächen tragen dazu bei, den Kubus mit der Landschaft zu verbinden. Das Haus in Möriken fällt somit nicht nur städtebaulich aus der Reihe – mit seiner metallisch schimmernden Oberfläche hebt sich dieser außergewöhnliche Betonbau sowohl architektonisch als auch gestalterisch deutlich von seiner Umgebung ab. ◻

> GEBÄUDEDATEN
> Grundstücksgröße: 735 m² > Wohnfläche: 182 m² > Anzahl der Bewohner: 4 > Bauweise: Ortbeton mit Innendämmung > Baujahr: 2005
> Baukosten pro m² Wohn- und Nutzfläche: 3 600 Euro

| 1 | 3 |
| 2 | 4 |

[1] Eine mehrschichtige Acryllasur mit Metallpigmenten verändert den Charakter der Sichtbetonoberflächen, die je nach Lichteinfall im Farbton zwischen Silber, Grau und Gold changieren.

[2] Die Glasflächen, die in den Betonkubus eingelassen sind, inszenieren die Ausblicke in die Natur und lassen die Flusslandschaft wie ein gerahmtes Bild erscheinen.

[3] Fensterprofile, Türen sowie der Bodenbelag aus Linoleum sind in Schwarz gehalten und treten als monochrome Oberflächen vor dem natürlichen Farbspiel der Landschaft zurück.

[4] Das Erdgeschoss ist als offenes Raumkontinuum angelegt, die Übereckverglasungen ermöglichen diagonale Sichtkontakte: Vom Wohntrakt blickt man über die Terrasse hinweg direkt in die Essküche.

Lageplan

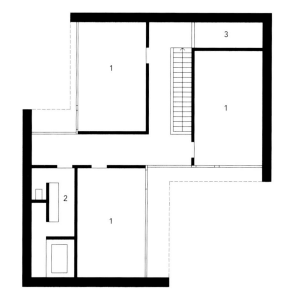

Obergeschoss
M 1:200
1 Zimmer
2 Bad
3 Luftraum

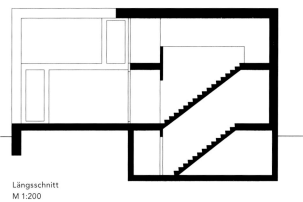

Längsschnitt
M 1:200

[1] Raumhohe Glaswände trennen die niveaugleich liegenden Außenräume vom Innern. Überkragende Dachscheiben und Wandpartien sorgen für einen fest stehenden Sonnenschutz.

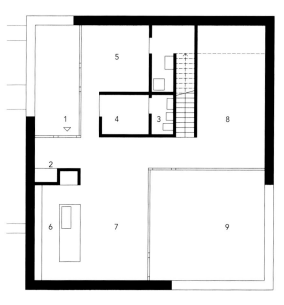

Erdgeschoss
M 1:200
1 Eingang
2 Garderobe
3 WC
4 Garderobe
5 Zimmer
6 Kochen
7 Essen
8 Wohnen
9 Terrasse

> AJH Atelier Jean Herzig > Wohn- und Atelierhaus in Meisterschwanden

MONOLITH AUS LEICHTBETON

> In leichter Hanglage, mit reizvollem Blick auf den Hallwiler See, entstand dieses Wohn- und Atelierhaus im Kanton Aargau. Die Bauherren – ein Künstlerehepaar – hatten ganz konkrete Vorstellungen von ihrem künftigen Domizil: Sie wünschten sich ein Gebäude in farbigem, monolithischem Sichtbeton mit einem loftähnlichen Wohnraum, der sich mit großflächigen Fenstern zur Aussicht hin öffnet. Der eingefärbte Sichtbeton sollte außen wie innen durch changierende Rottöne warmes Licht entfachen, mit seiner lebendigen Oberfläche die Fantasie anregen und sogar zur Weiterbearbeitung und Gestaltung auffordern.

Mit einem zweigeteilten Baukörper fand der Architekt eine Antwort auf die speziellen Vorgaben seiner Bauherren. Garage, Technik- und Nebenräume sind in einem eingeschossigen Gebäudeflügel untergebracht. Das eigentliche Wohn- und Atelierhaus ist als doppelgeschossiger, skulpturaler Baukörper ausgebildet: Über den Eingang im Norden gelangt man unmittelbar in ein großzügiges offenes Raumkontinuum, in dem Atelier, Wohnbereich, Küche und Essplatz eine zusammenhängende Einheit bilden und einen attraktiven Rahmen entstehen lassen, innerhalb dessen sich das Leben und das künstlerische Arbeiten der Bauherren abspielen. Eine vorgelagerte Terrasse erweitert die Wohnfläche ins Freie. Im Obergeschoss bieten mehrere Räume sowie das Schlafzimmer mit Bad und Ankleide unterschiedliche Rückzugsmöglichkeiten.

Bei der Gestaltung der Südwestfassade haben die Künstler selbst mit Hand angelegt und mit farbiger Bruchkeramik ein großflächiges Mosaik begonnen. Einen ausdrucksvollen Rahmen sowie den erforderlichen Witterungsschutz erhält dieses Mosaik durch die skulpturale Ausformung des Baukörpers, dem ein 1,40 Meter vorspringendes Flachdach und seitlich hervortretende Wandscheiben ein markantes Aussehen verleihen. Im Norden und Osten hingegen präsentieren sich die Fassaden weitgehend geschlossen und unterstreichen mit wenigen kleinen Öffnungen den monumentalen Charakter der Architektur, die alles auf ein Material setzt.

Mit einem Luftporenanteil von 25 Prozent ermöglicht der hier verwendete, in seiner Konsistenz poröse Leichtbeton die oberflächenfertige Herstellung innen und außen liegender Flächen als Sichtbeton aus einem Guss. Der Werkstoff selbst sorgt für die erforderliche Wärmedämmung. Die Unregelmäßigkeit seiner mit Lunkern durchsetzten Oberflächen ist der Tatsache geschuldet, dass dieser Leichtbeton während des Einbringens aufgrund seiner hohen Porosität nur schlecht verdichtet werden kann. Die lebendige Oberflächenstruktur, deren unterschiedliche Nuancen an das Farbspiel eines natürlich gewachsenen Steins erinnern, ist hier ein durchaus gewünschter Effekt. Im Unterschied zu einem dichteren Beton nimmt der Leichtbeton jedoch mehr Feuchtigkeit auf, was sich negativ auf seine Wärmedämmeigenschaften auswirkt: Deshalb wurden die außen liegenden Oberflächen mit einer wasserabweisenden Beschichtung versehen.

Für einen Kubikmeter dieses speziellen Leichtbetons benötigt man 400 Kilogramm Portlandzement und 200 Kilogramm Flugasche, gleichmäßig durchmischt mit keramischem Blähton als grobem Zuschlag für die mit Luftporen durchsetzten Bestandteile sowie Blähglasgranulat aus Altglas für die feinen Zuschläge. Zu einem Zementgewicht von 0,5 Prozent kommen Stabilisierungs- und Fließmittel sowie Schaumbildner. Um wie bei diesem Beispiel eine lebendige, omnipräsente Rotfärbung zu erzielen, genügen drei Prozent Pigmente im Farbton „Orange Omnicon", die in Pulverform beigemengt werden. Die ringsum laufenden, 45 Zentimeter dicken Betonschalen reichen aus, um den in der Schweiz geforderten Minergiestandard zu erreichen. Der restliche Heizenergiebedarf des Hauses wird von einer Wärmepumpe gedeckt. ◻

> GEBÄUDEDATEN
> Grundstücksgröße: 933 m²   > Wohnfläche: 223 m²   > Zusätzliche Nutzfläche: 100 m² Nebenräume / Garage   > Anzahl der Bewohner: 2
> Bauweise: Einschaliger, durchgefärbter Ortbeton als Leichtbeton   > Baujahr: 2007

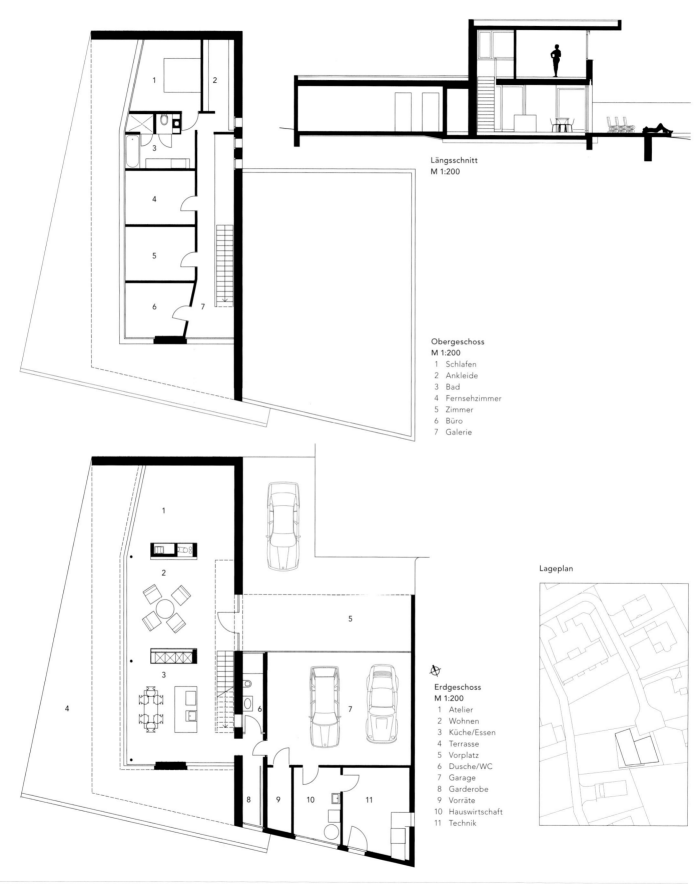

1	
2	3

[1] Rötlich durchgefärbter Beton bestimmt das monolithische Erscheinungsbild des massiven Baukörpers. Wenige Öffnungen auf der Eingangsseite unterstreichen seine monumentale Wirkung.

[2] Die changierenden Rottöne der Betonoberflächen lassen im Innern eine warme, behagliche Wohnatmosphäre entstehen.

[3] Essküche, Wohnraum und Atelier gehen im Erdgeschoss offen ineinander über, getrennt nur durch raumhohe Einbauten.

> Vincent Mangeat, Pierre Wahlen   > Hofhaus am Genfer See

DER LUXUS DES EINFACHEN

> Auf einem knapp 2 000 Quadratmeter großen Grundstück, hoch über dem rechten Ufer des Genfer Sees gelegen, befindet sich dieses Gebäudeensemble: Es besteht aus zwei Hausteilen – einem kleinen Gästebereich sowie dem eigentlichen Wohntrakt –, die in ihrer Mitte einen Hof mit Terrasse und Schwimmbecken umschließen. Sie stehen mit klassischen Giebeln vis-à-vis und tragen jeweils ein flach geneigtes Satteldach. Auf der Nordseite verbindet eine lange Wand aus Sichtbeton die beiden Gebäudeflügel und schafft eine Barriere zu den unmittelbar angrenzenden Weinbergen. Nach Süden öffnet sich der Patio über die Wasserfläche des Pools hinweg zur Landschaft und wird von einer Betonbrücke gefasst, die ebenengleich zum benetzten Beckenrand verläuft. Diese Aussichtsbrücke erschließt das Haus auf höchst einfache und elegante Weise – hat man einmal das Atrium betreten, sind alle an diese geschützte Binnenzone angrenzenden Räume über Glasschiebewände unmittelbar zugänglich.

Die großzügige Wohnebene im Obergeschoss präsentiert sich als offener, lichtdurchfluteter Raum, der nur durch linear angeordnete Einbauelemente in unterschiedliche Zonen gegliedert wird: Entlang der geschlossenen Wand an der Nordseite sind Garderobe und Gäste-WC in einer kompakten Zeile zusammengefasst, an die sich eine geradläufige Treppe anschließt. Küche und Vorratsschränke bilden eine weitere Funktionsspange, die vom Ess- und Wohnbereich flankiert wird. Im Südosten ist eine großzügige zweigeschossige Loggia in das Gebäudevolumen eingeschnitten: Sie reicht bis unter den First und öffnet sich mit spektakulärer Geste zur grandiosen Aussicht auf den Genfer See. Auch die Privaträume der Eltern und Kinder im Sockelgeschoss profitieren mit großzügigen Glasfronten von dem fantastischen Panorama. Über das weit geöffnete Treppenauge dringt Tageslicht ins Untergeschoss, sodass in Gebäudemitte ein heller Aufenthaltsbereich mit einer kleinen Bibliothek entstanden ist.

Wenige Materialien und Oberflächen bestimmen die Ausstattung der Innenräume. Die durchgehend weiß verputzten Decken und Wände schaffen einen ebenso eleganten wie neutralen Hintergrund für die exquisite Sammlung zeitgenössischer afrikanischer Kunst, die aus zahlreichen Bildern, Fotografien und Skulpturen besteht. Zur besonderen Wohnatmosphäre tragen auch die sorgfältig ausgewählten Möbelstücke bei – eine Mischung aus Klassikern und modernen Designerstücken.

Einfachheit in der Architektur ist niemals trivial, sondern das Ergebnis einer gelungenen Synthese zwischen den konkreten Gegebenheiten des Orts und den spezifischen Anforderungen der Aufgabe. Diese Synthese ist den Architekten hier mit dem Rückgriff auf den archaischen Typ des Hofhauses sehr überzeugend gelungen: Der Bau verschließt und öffnet sich zugleich, bietet introvertierte Zonen und witterungsgeschützte Bereiche und ist dennoch ganz auf das Landschaftspanorama und den See ausgerichtet. Die spiegelnde Wasseroberfläche des Schwimmbassins, in der sich die Farben der Umgebung und des Himmels brechen, verbindet nicht nur die beiden Gebäudeflügel miteinander, sondern stellt auch einen visuellen Bezug zu dem in der Ferne leuchtenden See her – Pool und See scheinen fast ineinanderzufließen.

Schalungsrau belassene Sichtbetonflächen prägen die Außenansicht der Villa und werden durch grün patiniertes Kupferblech als Dachdeckung ergänzt. Das Baumaterial Beton mit seinen aus der Erde gewonnen Bestandteilen einerseits und seiner hohen Anpassungsfähigkeit an unterschiedliche Funktionen andererseits ist der ideale Werkstoff für eine auf das Wesentliche reduzierte Architektur, deren besonderer Luxus in der Einfachheit liegt. ◻

> GEBÄUDEDATEN
> Grundstücksgröße: 1 928 m²   > Wohnfläche: 343 m²   > Anzahl der Bewohner: 4   > Bauweise: Ortbeton mit Innendämmung   > Baujahr: 2003

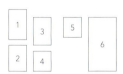

[1] Der Essplatz orientiert sich auf den Innenhof. Die farbenfrohen Kunstwerke bilden einen reizvollen Kontrast zum puristisch gehaltenen Interieur.

[2] Als gut durchdachter Funktionsblock beinhaltet die lang gestreckte Küchenzeile alles, was für die Versorgung einer Familie notwendig ist.

[3] Ein anmutiger Treppenlauf verbindet die Wohnplattform mit den Privaträumen in der unteren Ebene. Über das Treppenauge fällt Tageslicht in die kleine Bibliothek mit Sesseln von Gerrit Rietveld.

[4] Der von zwei Seiten belichtete offene Wohnraum mit seinen strahlend weißen Decken und Wänden ist wie dafür geschaffen, Bilder und Designobjekte ins rechte Licht zu rücken.

[5] Ein eleganter Betonsteg verbindet den Gästepavillon am Hang mit dem Wohnhaus im Vordergrund.

[6] Gleich an zwei Seiten ist das Hofhaus von spiegelnden Wasserflächen umgeben: Von außen blinkt der Genfer See herauf, von innen reicht der Pool bis an den Wohnraum heran.

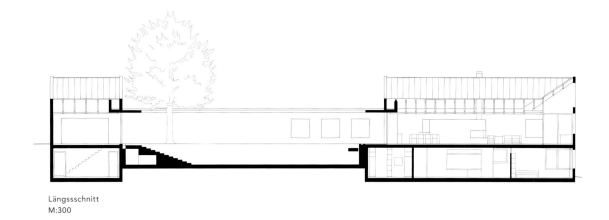

Längsschnitt
M:300

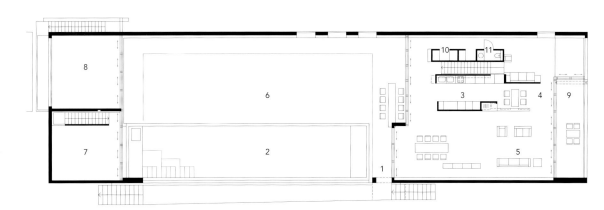

Obergeschoss
M 1:300
 1 Eingang
 2 Pool
 3 Kochen
 4 Essen
 5 Wohnen
 6 Terrasse
 7 Gast
 8 Garage
 9 Balkon
10 Garderobe
11 WC

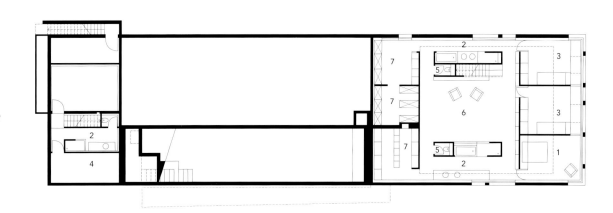

Erdgeschoss
M 1:300
 1 Schlafen
 2 Bad
 3 Kind
 4 Gast
 5 WC
 6 Aufenthalt/
    Bibliothek
 7 Lager

[1] Edle Materialien charakterisieren das großzügige Elternbad. Der Parkettboden ist aus Akazienholz, die Wannennische erhielt einen Wandverputz mit Tadelakt.

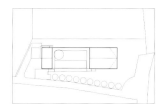

INDEX
Architekten- und Bildnachweis

AJH
Atelier Jean Herzig
Galmisweg 22
4704 Niederbipp
Schweiz
www.ajh.ch
Seite 148
Fotos: Jean Herzig, Niederbipp

ap88 Architektenpartnerschaft
Bellm · Löffel · Lubs · Trager
Freie Architekten BDA
Eichendorff-Forum
Sickingenstraße 39
69126 Heidelberg
www.ap88.de
Seite 36
Projektarchitekt:
Dipl.-Ing. Rüdiger Trager
Fotos: Uwe Bellm/ap88 Architekten

Titus Bernhard Architekten BDA
Gögginger Straße 105a
86199 Augsburg
www.titusbernhardarchitekten.com
Seite 16 und Seite 72
Fotos: Christian Richters, Münster

**ARGE Clemens Bonnen
und Amanda Schlaich**
Prof. Clemens Bonnen
Architekt BDA
Landhausstraße 13
10717 Berlin
www.bonnen-architekt.de
Mitarbeit: Lutz Artmann
Seite 26
Fotos: Lutz Artmann, Berlin
Foto S. 29 unten rechts: Wilfried Dechau, Stuttgart

BRAUN ASSOCIATES ARCHITEKTEN
Architektur- und Planungs-
gesellschaft mbH
Prof. Dr.-Ing. Freier Architekt
Dirk Henning Braun
Blumenstraße 36
70182 Stuttgart
www.braun-associates.com
Seite 22
Fotos: Alejo Park, Ibiza

cavegn architektur
Ivan Cavegn, Dipl.-Arch. FH BSA
Benderersraße 33
9494 Schaan
Liechtenstein
www.cavegn.li
Seite 116
Fotos: Barbara Bühler, Vaduz

denzer & poensgen
Dipl.-Des. Innenarchitektin
Andrea Denzer
Dipl.-Ing. Architekt Georg A. Poensgen
Büro Marmagen:
Zum Rott 13
53947 Nettersheim-Marmagen
Büro Trier:
Saarstraße 106
54290 Trier
www.denzer-poensgen.de
Seite 30
Fotos: Rainer Mader, Schleiden

**Architekten DOMENIG &
WALLNER ZT GmbH**
Günther Domenig
Jahngasse 9/1
8010 Graz
Österreich
www.domenig-wallner.at
Seite 15
Foto: Archiv Architekten Domenig &
Wallner ZT GmbH / Gilbert Acham

Maria Flöckner und Hermann Schnöll
Lasserstraße 6a
5020 Salzburg
Österreich
www.floecknerschnoell.com
Seite 100
Fotos: Stefan Zenzmaier, Kuchl

**gk Gössel + Kluge .
Freie Architekten GbR**
Ingolf Gössel, Dipl.-Ing. Architekt,
Anja Kluge, Dipl.-Ing. Architektin
Bergstraße 78
70186 Stuttgart
www.goesselklugepartner.de
Seite 44
Fotos: Markus Mahle Fotografie, Stuttgart
Innenraumfotos: Archiv Architekten

architects@guswustemann.com
Albulastrasse 34
8048 Zürich
Schweiz
www.guswustemann.com
Seite 126
Fotos: Bruno Helbling Fotografie, Zürich

**Architekten HBH · Hilzinger
Bittcher-Zeitz Habisreutinger**
Dachauer Straße 233
80637 München
www.architekten-hbh.de
Seite 54
Fotos: Gerhard Hagen, Bamberg

HEIN-TROY Architekten
Matthias Hein, Juri Troy
Büro Bregenz:
Weiherstraße 2
6900 Bregenz
Österreich
Büro Wien:
Burggasse 24/3
1070 Wien
Österreich
www.hein-troy.at
Seite 94
Fotos: Robert Fessler, Lauterach

Ken Architekten BSA AG
Büro Zürich:
Badenerstrasse 156
8004 Zürich
Schweiz
Büro Baden:
Theaterplatz 4
5400 Baden
Schweiz
www.ken-architekten.ch
Seite 142
Fotos: Hannes Henz, Zürich

**Rainer Köberl . Architekt
Paul Pointecker**
Maria-Theresien-Straße 10/III
6020 Innsbruck
Österreich
www.rainerkoeberl.at
Seite 120
Fotos: Lukas Schaller, Wien

Lietzow Architekten
Manfred Lietzow
Karl-Fürstenberg-Straße 6–8
79618 Rheinfelden
lietzowarchitekt@freenet.de
Seite 40
Fotos: Thomas Dix Foto-Design,
Grenzach-Wyhlen

Lohmann Architekten BDA
Jürgen Lohmann
In der Ahe 1
27356 Rotenburg/Wümme
www.lohmann-architekten.com
www.schoener-wohnen-haus.de
Seite 82
Innenarchitektur: Annette Laxy,
Hamburg / www.laxy-laxy.de
Fotos: Jonas von der Hude, Hamburg;
Ferdinand Graf Luckner, Hamburg

lohrmannarchitekt
Holger Lohrmann
Lindenspürstraße 20
70176 Stuttgart
Atelier:
Gustav-Siegle-Straße 69
70193 Stuttgart
www.lohrmannarchitekt.de
Seite 62
Fotos: Susanne Wegner, Stuttgart

Architekten LUGER & MAUL
ZT-Gesellschaft OEG
Bauernstraße 8
4600 Wels
Österreich
www.luger-maul.at
Seite 106
Fotos: Edith Maul-Röder, Wels

Vincent Mangeat
Bureau d'architecture
Place du Château 7
1260 Nyon
Schweiz
mangeat-architectes@bluewin.ch
Seite 152
Mitarbeit: Pierre Wahlen
Fotos: Francesca Giovanelli, Birr

ARCHITEKT D.I. GERHARD
MITTERBERGER ZTGmbH
Glacisstraße 7
8010 Graz
Österreich
mitterberger@inode.at
Seite 90
Fotos: Zita Oberwalder, Graz

Novaron – Architektur Baumanagement
Konzept GmbH
Bitziweg 2
9444 Diepoldsau
Schweiz
www.novaron.ch
Seite 132
Fotos: Bruno Helbling Fotografie, Zürich

.rott .schirmer .partner
Architektur Design Stadtplanung,
Hannover/Braunschweig
Herwig Rott:
Theodorstraße 3
30159 Hannover
Thorsten Schirmer:
Heinrich-Wöhler-Straße 1
30938 Großburgwedel
www.r-s-p.com
Seite 78
Fotos: Uwe Schmida, Kaltenweide

laurent savioz architecte hes
Chemin St-Hubert 2
1950 Sion
Schweiz
www.loar.ch
Seite 136
Fotos: Thomas Jantscher, Colombier

trint+kreuder d.n.a
Kay Trint, Hanno Kreuder
Auenweg 173
51063 Köln
www.dna-ex.com
Seite 58
Fotos: Christian Richters, Münster

unit a architekten
Immenhofer Straße 22
70108 Stuttgart
www.unitaarch.de
Seite 48
Fotos: Peer Brecht Photodesign, Stuttgart

weinreich architekten
Annette Dina Weinreich,
Dipl.-Ing. (FH) Freie Architektin
Christian Wurst,
Dipl.-Ing. (FH) Freier Architekt
Söflinger Straße 205
89077 Ulm
www.weinreich-architekten.de
Seite 68
Fotos: Armin Buhl, Neu-Ulm

yes architecture.
Prof. Dipl.-Ing. Ruth Berktold BDA
DI Marion Wicher
Büro Deutschland:
Lindwurmstraße 71
80337 München
Büro Österreich:
Griesgasse 10
8020 Graz
Österreich
www.yes-architecture.com
Seite 110
Fotos: Croce&Wir, Graz

Bildnachweis Vorsatzpapier und Seite 1
Robert Fessler, Lauterach
Rainer Mader, Schleiden

Bildnachweis Seite 2-3
istockphoto

Bildnachweis Einleitung
Seite 9, oben links
Barbara Bühler, Vaduz

Seite 9, unten rechts
Peer Brecht Photodesign, Stuttgart

Seite 12
Stefan Zenzmaier, Kuchl

Seite 14
Zita Oberwalder, Graz

Seite 15
Archiv Architekten Domenig & Wallner
ZT GmbH / Gilbert Acham

Bildnachweis Umschlag
Titelbild: Croce&Wir, Graz
Rückseite von links nach rechts:
Lutz Artmann, Robert Fessler,
Bruno Helbling

© 2009 Verlag Georg D.W. Callwey GmbH & Co. KG
Streitfeldstraße 35
81673 München
www.callwey.de
E-Mail: buch@callwey.de

Die Deutsche Nationalbibliothek verzeichnet diese
Publikation in der Deutschen Nationalbibliografie;
detaillierte bibliografische Daten sind im Internet über
<http://dnb.ddb.de> abrufbar.

ISBN 978-3-7667-1797-9

Das Werk einschließlich aller seiner Teile ist urheber-
rechtlich geschützt. Jede Verwertung außerhalb der
engen Grenzen des Urheberrechtsgesetzes ist ohne
Zustimmung des Verlags unzulässig und strafbar.
Das gilt insbesondere für Vervielfältigungen, Über-
setzungen, Mikroverfilmungen und die Einspeicherung
und Verarbeitung in elektronischen Systemen.

Projektleitung: Tina Freitag
Manuskript: Architekturbüro Grimm
Zeichnungen: Dipl.-Ing. Sabine Grimm
Mitarbeit: Cand.-Arch. Ulrike Faßnacht
Redaktion: Thomas Kaczmarek, Holger Kotzan,
Dr. Matthias M. Middel
Lektorat: Bettina Hintze
Schutzumschlaggestaltung: Alexander Stix, München
Layout und Satz: Arne Alexander Klett, Esslingen

Dieses Buch ist in Zusammenarbeit mit dem
InformationsZentrum Beton erschienen.

Druck und Bindung: Kastner & Callwey Medien GmbH,
Forstinning
Printed in Germany 2009